U0611914

建设项目知识管理
理论与方法研究

李红兵　李　蕾　著

武汉理工大学出版社
·武　汉·

图书在版编目(CIP)数据

建设项目知识管理理论与方法研究/李红兵,李蕾著. —武汉:武汉理工大学出版社,2018.9

ISBN 978-7-5629-5773-7

Ⅰ.①建… Ⅱ.①李… ②李… Ⅲ.①基本建设项目-知识管理-研究 Ⅳ.①F284

中国版本图书馆 CIP 数据核字(2018)第 084497 号

项目负责人:王兆国

责 任 编 辑:刘　凯

责 任 校 对:夏冬琴

封 面 设 计:博壹臻远

出 版 发 行:武汉理工大学出版社

邮　　　编:430070

网　　　址:http://www.wutp.com.cn

经　　　销:各地新华书店

印　　　刷:武汉兴和彩色印务有限公司

开　　　本:787mm×960mm　1/16

印　　　张:9.5

字　　　数:168 千字

版　　　次:2018 年 9 月第 1 版

印　　　次:2018 年 9 月第 1 次印刷

定　　　价:56.00 元

前　　言

本书以社会学、管理学、经济学、系统论、控制论、信息论为理论基础,采用定性分析与定量分析相结合、理论研究与实证分析相结合、系统分析与典型剖析相结合的方式开展研究工作。介绍了知识管理的发展历程和现状,阐述了知识管理的内涵和研究领域,针对建设项目知识管理的难点,结合项目各阶段知识的分析,构建了面向建设项目的知识管理研究框架,建立了建设项目知识管理的系统模型,分析了建设项目各阶段知识管理的主要内容,剖析了建设项目知识管理的机理,提出了实现项目知识管理的方法,建立了建筑企业项目知识管理的能力评价指标体系。在此基础上,运用 DEA 方法进行建设项目知识管理绩效评价。最后,通过实证分析,提出知识管理措施的选择方法,从而实现管理绩效的持续改进。

建设项目是一种投资行为和建设行为相结合的投资项目,也是最为常见、最为典型的项目类型。建筑业是我国国民经济的支柱产业,近年来我国每年基本建设投资都在数万亿人民币,且逐年增加,对国民经济影响甚大。建筑企业是面向建设项目的组织,建设项目是其基本的业务活动,因此建筑企业的知识管理能力很大程度上取决于其项目的知识管理能力。然而不同于运作活动,项目的临时性和独特性特点增加了知识管理的难度。为适应不断变化的市场情况,在激烈的竞争中得以生存,建筑企业迫切需要一套完整的、适合企业自身特点的建设项目知识管理理论和方法,实现项目知识的不断积累、有效运用及创新,从而提高企业的核心竞争力。

本书研究的主要内容有:

从知识管理发展历程、知识管理方法论的差异、知识管理实施框架、项目管理知识体系以及建设领域的知识管理研究五个方面论述知识管理的国内外研究现状。

阐述知识管理的社会学理论基础、经济学理论基础、管理学理论基础以及系统论、控制论和信息论理论基础,为知识管理的研究提供理论支撑。论述知识的内涵、知识管理的基本观点和理论,提出项目知识管理的定义,从而明确项目知识管理的范畴和研究领域。

从知识管理的层次、知识管理的过程以及项目阶段三个维度,构建建设项目知识管理的系统模型 $K(T,P,L)$,分析建设项目各阶段知识管理的主要内容。以 EPC 项目为例,分析投标报价阶段、设计阶段、采购阶段、施工阶段、竣工验收阶段知识管理的主要内容,包括各阶段的知识获取、知识共享、知识运用和知识创新。

基于企业能力理论,剖析建设项目知识管理与企业成长的关系。通过有效的知识管理,将项目成员个人以及项目团队所获得的知识有效地转化为企业知识,从而形成企业能力。在此基础上,这些知识进一步支撑企业其他的一系列项目,推动企业的成长。同时,企业的成长又可以不断提升企业能力。从而形成以知识管理为核心的项目知识、企业知识、企业能力与企业成长之间的良性循环。

分析建设项目知识管理的障碍,阐述建设项目活动中各种知识的流动,包括项目阶段间的知识流动、项目各参与方之间的知识流动、项目组织内不同层次间的知识流动、项目与项目之间的知识流动。

探讨建设项目知识管理的方法。首先,知识管理应纳入企业战略之中;其次,建立专门的知识管理构架而强化组织保障;再次,项目知识库的建立为知识的存储和共享提供了技术保证;最后,知识管理的核心是人,组织内应培育知识共享和学习的氛围。

从知识管理过程能力和基础设施能力两方面建立知识管理能力评价指标体系。知识管理过程能力指标包括知识获取能力评价指标、知识共享能力评价指标、知识运用能力评价指标;基础设施指标包括技术支持能力评价指标、组织支持能力评价指标、文化支持能力评价指标,以及相应的二级指标。

在分析知识管理能力与项目绩效之间的关系的基础上,建立建设项目知识管理绩效评价的概念模型,分析管理系统的输入和输出,确定输入输出指标。评价企业知识管理投入对项目绩效的贡献,从而对知识运用和创新的效率进行度量。

在建设项目知识管理理论基础上进行实证分析,选取 CWCEC 公司的五个 EPC 项目作为研究对象,以项目知识管理在各指标上的得分作为系统投入,项目目标在工期、质量和成本三个维度上的实现情况作为系统产出,采用 DEA 方法评价项目知识管理措施的相对有效性。

作者
2018 年 6 月

目　　录

1 绪 论

在信息社会和知识经济中，面临快速变化的市场环境，组织有必要集中力量做出快速反应，实施有效的知识管理以提高组织的核心竞争力是知识经济时代组织重点研究的问题。

1.1 问题的提出

自从 1996 年经济合作与发展组织(Organization for Economic Co-operation and Development,OECD)发表了题为《以知识为基础的经济》报告以来，无论在国外还是国内，都引起了研究讨论知识经济的热潮。知识经济作为一种建立在知识的生产、分配和有效使用基础上的经济，是继农业经济、工业经济之后的一个新的经济发展阶段，它将引起生产方式、生活方式以至于思维方式的重大变革[1-3]。

知识经济是以创新性劳动为主导的经济，是把知识转化为效益的经济。知识经济较少利用自然资源和人力资源，而更重视利用智力资源。知识产生新的创意，形成新的成果，带来新的财富。

由于现代科学技术的革新越来越快，许多组织所面对问题的复杂程度越来越高，专业分工也越来越细，而面对快速多变的市场环境，要求企业必须在短时期内集中自己的主要力量对市场机会做出敏捷反应。因此，越来越多的企业采取项目这种运作模式。在当今信息社会和知识经济之中，人们创造社会财富和福利的途径与方式已经由过去以重复、批量进行生产活动为主的模式，逐步转向了以项目开发和项目实施活动为主的模式。项目与重复性、持续性的常规劳动不同，它是独特的、一次性的工作，具有目标的确定性、过程的渐进性、成果的不可挽回性、组织的临时性和开放性等特性。项目开发与实施是主要的物质财富和精神财富生产的手段，现代项目管理正在成为现代社会中主要的管理领域[4]。

建设项目是最为常见、最为典型的项目类型,它属于投资项目中最重要的一类,是一种投资行为和建设行为相结合的投资项目,是一个跨学科、多智能的行为过程。随着经济全球化和科学技术的迅猛发展,建设项目的规模越来越大,工程内容越来越复杂,建设要求越来越高,涉及的方面越来越广。与此同时,建设项目的一次性特征使得在工程建设中的知识积累成为一个难题[5-7]。工程技术人员及项目管理人员在不断参与项目实施及管理的过程中,积累了大量的实践知识,如果这些知识不能实现有效积累并得到利用,就会随着时间与人员的流失而受到损失,从而导致组织的整体效率和效益提升较慢、创新能力难以持续提高,竞争优势难以保持。

建设项目实施与管理的过程是一个知识获取、共享、运用、创新的过程,也就是建设项目知识管理的过程。在整个过程中人们不断地获取和创造知识,并将其应用,从而实现知识的连续循环。对这些知识的收集、储存与管理就形成了企业的历史记忆。知识管理可以提高企业的应变能力、创新能力、生存能力和竞争能力。

建设项目涉及多个参与方,包括业主方、设计方、供货方、建筑企业、监理公司等,每个参与方属于不同的利益主体。其中,建筑企业是典型的面向项目的组织(Project-Oriented Organization, POO),项目是其基本的业务活动。同其他企业一样,建筑企业一直以某种形式进行知识管理,但这种知识管理主要依赖于主要专家的知识和经验。因此对建筑企业来说,知识管理并不是全新的概念和事物,其真正缺乏的是一种更加结构化的知识管理的方法和意识[8-10]。这种需求随着全球化竞争的日益激烈,企业规模的不断扩大以及地域的扩展和人员的更替,变得更加紧迫。因此,建筑企业应积极实施项目知识管理,注重项目知识的获取和有效运用,实现企业的持续发展。

本书主要从建筑企业的角度出发,针对建筑企业实施建设项目知识管理的难点,结合项目各阶段知识的分析,构建面向建设项目的知识管理理论框架,建立建设项目知识管理的系统模型,分析建设项目知识管理的机制,提出实现项目知识管理的方法,研究其能力构成,建立绩效评价模型。最后,通过实证分析,提出知识管理措施的选择方法,实现管理绩效的持续改进。

1.2 本书的研究目的和意义

我国的基础设施投资项目每年数以万亿计,作为主要参与者的建筑企业,其知识管理的能力对其市场核心竞争力的培养起至关重要的作用。

1.2.1 研究目的

本书的主要目的包括:

(1) 建立建筑企业面向项目及项目群的知识管理理论框架;

(2) 构建建设项目知识管理的系统模型 $K(T, P, L)$,分析建设项目各阶段知识管理的主要内容。

(3) 剖析建设项目知识管理的机理。

(4) 跟踪最新研究成果,探讨建筑企业实施建设项目知识管理的关键环节与方法。

(5) 构建建设项目知识管理能力评价指标体系。

(6) 运用定量方法,对建设项目知识管理绩效进行评价,实现管理绩效的持续改进。

1.2.2 研究意义

建设项目是项目中数量最大的一类,近年来我国每年基本建设投资都在数万亿元人民币,且逐年增加,对国民经济的影响甚大。

本书的研究是对建设领域知识管理理论与方法的新探索。针对建设项目知识管理的难点,结合项目各阶段知识的分析,运用各种管理新思想、行为和方法,提出面向建设项目的知识管理理论框架,研究其能力构成,进行绩效评价。通过实证分析,提出知识管理措施的选择方法。

本书的研究意义主要体现在:

(1) 理论上的创新性

知识管理和项目管理是国际上两大热门研究领域,无论是在知识管理方面,还是在项目管理方面都有大量的研究和丰富的文献。但将两者结合在一起,即研究项目管理中的知识管理问题的还不是很多,尤其是对建设项目知识管理的研究更是寥寥无几。

　　本书的研究目标是构建建设项目知识管理的系统模型,在分析建设项目内外部知识流的基础上,阐述建设项目知识管理的机理,建立知识管理能力的评价指标体系,提出实现项目知识管理的方法,分析知识管理对项目产出的影响。在此基础上,对项目知识管理进行绩效评价。

　　(2) 实践上的可操作性

　　建筑业是我国国民经济的支柱产业,在国民经济中占有举足轻重的地位。本书通过理论研究与实证分析,可为建筑企业提供一套具有较强可操作性的、比较完善的知识管理方法体系,并通过定量方法进行绩效评价,实现知识管理绩效的持续改进,以提高建筑企业的知识管理能力与企业核心能力,促进建筑企业成长。

1.3　国内外研究现状

　　知识与知识管理并不是最近几年才出现的新概念,从知识的角度出发,人类的历史实际上就是知识的发展史[11]。知识管理并不是一朝诞生的,而是有一个渐进的发展过程。知识管理作为一项活动早已存在,在企业中也一直没有间断,只是以前都没有上升到管理模式的程度。

　　正式用"知识管理"一词来形容"企业的知识活动过程"始于管理大师彼德·德鲁克(Peter F. Drucker),他于 20 世纪 80 年代提出了"知识管理"的概念。以下将从四个方面论述建设项目知识管理的发展现状:知识管理方法论的差异、知识管理实施框架、项目管理知识体系以及建设领域的知识管理研究。

1.3.1　知识管理方法论的差异

　　从方法论的角度,知识管理理论通常划分为两类:东方观点和西方观点。东方观点强调隐性知识和知识的创造;西方观点则重视显性知识和知识的传递[12]。这一点体现在东西方不同的分工方法上:东方的分工注重员工知识和技能的广度(Breadth),各个职能之间有很大程度的交叉重叠;西方的分工则更重视专门领域知识的深度(Depth)。

　　Nonaka 和 Takeuchi(1995)指出东西方分工理念的差异是东西方企业的根本差别。Nonaka 认为信息冗余(Information Redundancy)对于创新过程至关重要,形成这种冗余的方法之一是使用有多种专业或职能背景的员工,他们之间的分工是一种模糊的分工。通过推动隐性知识的共享,这种知识或信息冗余将加速知识的创新进程。研究认为,信息的冗余在概念的形成阶段尤其重要。由于知识的相互交叉,员工可以向其他专业或职能领域提供意见和建议。这种方法被称为侵入式学习(Learning by Intrusion)。

持西方理论的学者有着不同的观点,Grant(1996)强调专业领域知识的集成而不考虑组织成员之间的交叉学习。Grant指出这种知识传递成本很高,成功的概率较低,尤其是隐性知识的传递。他同时强调,由于人类的认知局限性,个体应该集中于某一特定专业领域。当然,为实现知识集成,还应至少具有一些必要的共通知识。一种极端情况是个体之间没有相互重叠的知识,知识传递毫无基础;另一种极端情况是个体都具有相同的知识,知识传递毫无必要。与东方理论相比,西方理论要求较少的交叉知识,认为提高效率的关键在于专业或职能领域内的集成。在研究知识集成的不同机制(Mechanism)过程中,Grant认为群决策问题是最棘手的问题,因为很难达成共识,因此群决策只适用于少见的复杂工作。对于一般情况,各种规章制度和例行程序往往效率高、花费少。

东西方知识管理方法论的差异如表1-1所示。

表 1-1　东西方知识管理方法论的差异[13]

	东方理论	西方理论
强调的知识属性	隐性知识	显性知识
知识管理目标	知识创造	显性知识的重复运用
实现途径	致力于建立知识共享的文化氛围	偏重于知识管理项目
实现手段	教育员工	管理措施
长/短期效益	长期效益	短期效益

Dash提出了第三种方法论,他认为若想成功地实现知识管理,需要综合利用各种手段包括业务流程、人和信息技术。这种论点很快得到多个学者的响应,如 Muzumdar(1997),Alavi 和 Leidner(1998),Ponelis 和 Fairer-wessels(1998),Prusak(1999),Davenport 和 Prusak(1998),Wiig(1999)以及 Martensson(2000)。

中国工程院院士,大连理工大学的王众托认为,近年来,关于知识管理的研究,是沿着两条主线进行的,一条是把重点放在信息管理上,因为信息是知识的载体,通过对信息内容和信息工具的管理来实现知识管理,致力于信息系统、人工智能等工具方面的研究。另一条主线则是把重点放在人的管理上,着重研究人的行为、技巧和思维方式。由于知识管理的高度复杂性以及跨学科特点,应该利用系统工程的思想和方法来加以综合研究[14]。因为知识管理兼有技术与人文两种属性,而且两种属性是交互作用的。因此,沿某一条主线进行研究,对于某些具体过程可以取得成果,但缺少从总体上的把握。应该利用系统方法来从整体上加以分析和综合,从而更全面和深入地考虑各种因素及其相互影响。

1.3.2　知识管理实施框架

(1) 面向对象的观点

面向对象的观点倾向于将知识作为对象,分析"知识模型"的构成和特性。知识模型可以用三个等级层次的知识来表述。最底层的是领域知识(Domain Knowledge),是应用领域特有的知识。每一个应用领域都有自己的领域类型、领域规则和领域事实。中间层为推理知识(Inference Knowledge),这些知识告诉我们运用领域知识进行推理的基本步骤和程序。最上层是任务知识(Task Knowledge),用以描述任务目标以及如何实现目标。在这种知识结构中,关键的促进因素(Enablers)包括领域知识的环境、组织文化、个体的价值观、标杆或标准,以及各种管理措施。很显然,知识受到组织文化、个体的价值观以及企业远景的影响。为实现绩效的评价和改进,必须有合适的标杆或标准可以采用。另外,管理措施,包括各种基础设施(Infrastructure),同样影响到知识的获取、共享,并在个体、组织和组织之间各个层面发挥作用。

基于这种观点,成功构建以知识为中心的企业取决于以下几个关键因素[15],如图 1-1 所示:建立知识管理的基础包括认识知识管理意识、知识管理策略、知识管理任务、知识分类和知识管理标杆;接着,第二层涉及知识管理技术和工具的选择,完善知识管理的组织基础设施,建立知识管理社区;然后,应进行知识管理措施的试点和评价检验,同时对管理措施进行适当调整和变革;最后,全面推行知识管理策略并最终实现知识管理的可持续性发展。

(2) 面向过程的观点

面向过程的观点认为,知识管理应该以组织的业务流程为对象,通过对流程的分析,提炼知识并将知识融入工作流程之中。Wiig 提出了的知识管理方法论[16],如图 1-2 所示。

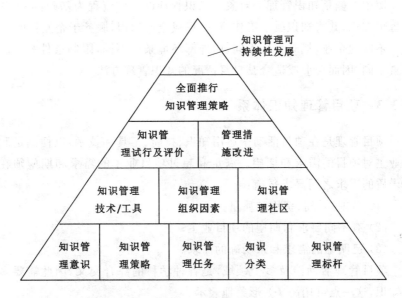

图 1-1　面向对象的知识管理实施框架

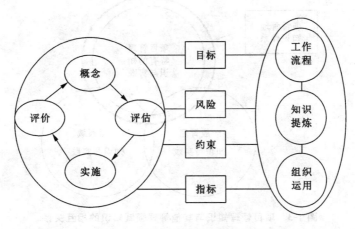

图 1-2　面向过程的知识管理框架

　　图中左侧表示知识管理循环。知识管理是一个循环往复、螺旋上升的过程，没有任何企业能够毕其功于一役。知识管理循环从概念开始，包括知识调查、知识分类和知识建模；接着用相应的尺度对知识管理能力进行评估，寻求现有能力与标杆之间的差距，制定知识管理策略；知识管理的实施是将知识运用在知识对象上以改善工作流程和提高绩效；最后依据目标来评价知识管理实施所起的作用。每一次循环都意味着知识管理层次的提升。

图中右侧是知识管理的对象。知识管理以工作流程为基础,从工作流程中提炼出知识,并将知识融于工作流程,形成企业知识,服务于企业目标。

不同的企业,战略目标不同、内外部环境条件不同,限制条件和面临的风险因素不同,因而会形成适合其自身情况的知识管理方法[17]。

1.3.3 项目管理知识体系

项目管理是在项目活动中运用知识、技能、工具和技术,以便满足和超过项目业主对项目的需求和期望。满足和超过项目业主的需求和期望须在下列各种矛盾的需求之间寻求平衡:

(1) 范围、时间、费用和质量;

(2) 有不同要求和期望的项目业主;

(3) 已明确的需求和未明确的需求。

项目管理活动涉及多个领域,是各种学科的综合交叉,因此需要多个领域的知识,这一点可用图 1-3 形象地表示。

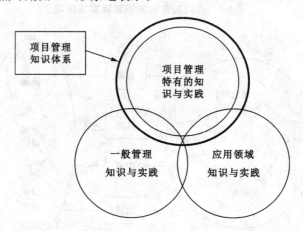

图 1-3　项目管理知识与其他管理领域知识的相互关系

近年来世界各国的项目管理专业组织建立的项目管理知识体系,包含的主要是显性知识。美国项目管理协会 PMI 2014 年颁布的《项目管理知识体系大纲》(a guide to the pmbok)划分了 10 个知识领域:项目集成管理、项目范围管理、项目时间管理、项目成本管理、项目质量管理、项目人力资源管理、项目沟通管理、项目风险管理、项目利害相关者管理和项目采购管理,各领域均有相应的知识内容。

国际项目管理学会 IPMA 在其《国际项目管理专业资质标准》(IPMA

Competence Baseling）中对项目管理人员提出了 40 个方面的素质要求（核心要求 28 个），强调项目管理人员的实践背景，注意与专业技术知识的结合，允许成员组织按照民族、文化以及职业发展要求变更非核心要求。

在我国，中国优选法统筹法与经济数学研究会项目管理研究委员会发起组织了我国项目管理知识体系的研究制定工作，推出了《中国项目管理知识体系》（C-PMBOK），包含 3 个方面：项目与项目管理、公用知识、方法与工具，各方面又包含着相应的知识模块，共有 88 个模块。

1.3.4　建设领域的知识管理研究

建设领域的知识管理研究最初发生在企业层面，主要是将知识管理的思想、方法和工具运用到建筑企业。随着项目管理理论的发展，人们逐渐认识到项目活动需要一套适应其特点的知识管理方法。目前主要有两种研究思路，一种是从业主的角度出发，以建设项目为对象，强调项目全过程以及项目各参与方之间的知识共享，主要以项目知识门户为代表[18]，知识门户见图 1-4。

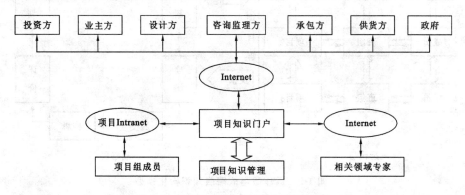

图 1-4　项目知识门户与各方关系示意

在建立建设项目知识门户时，一般依照以下一些原则来实现建设项目知识门户的功能[19]：

（1）构建知识共享与协作平台，集中管理各种文档和资料；

（2）通过项目知识门户获取各种相关资料，并且能根据最新的数据实时对知识库自动更新；

（3）在建设项目参与各方之间能实现知识积累和共享，及时发现问题并提供解决方案，对项目的投资、进度、质量、安全等方面进行严格控制；

（4）通过知识门户项目成员能够不断地更新知识结构，并且将自己的知识

以一定的方式保存下来,帮助项目新成员能很快熟悉工作,从而实现项目新老成员知识的继承和更新;

(5) 在进行建设项目知识门户的设计时注意其安全问题。

另一种思路是从建筑企业角度出发,重点研究建筑企业单个项目以及多个项目的知识管理问题[20]。企业的项目知识管理分为运作层和战略层,运作层是指项目群管理的对象层,即各子项目。各子项目的成员可能来自相同或不同的团队班组,其知识结构可分为个人知识、班组知识和项目知识,各子项目之间、各子项目的成员之间依靠个人知识、组织知识和项目知识的共享、转化和创新,共同营造一种开放、协作的组织文化。战略层所考虑的是如何对项目群管理的目标进行决策,项目群管理的运作要依据组织的战略目标。运作层与战略层知识转化模型见图 1-5。

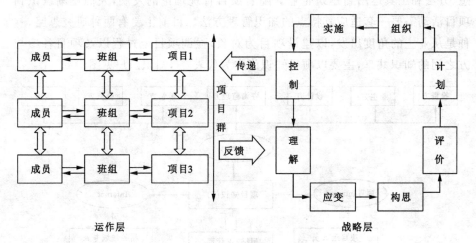

图 1-5　运作层与战略层知识转化模型

从已有的文献可以看出,建设领域的知识管理研究尚处于起步阶段,且大都停留在定性研究或局限在工具开发,缺乏完整的项目知识管理研究框架和科学的定量方法。

1.4　研究方法与技术路线

本书以社会学、管理学、经济学、系统论、控制论、信息论为理论基础,采用定性分析与定量分析相结合、理论研究与实证分析相结合、系统分析与典型剖析相结合的方式开展研究工作。

　　本书在文献分析的基础上,完善建设项目知识管理能力的描述指标体系;在项目层次,将各项知识管理措施作为投入,项目目标实现情况作为产出,建立管理绩效评价模型;用 DEA 方法评价知识管理模式的相对有效性,从而"横向上"建立知识管理标杆瞄准(Benchmarking),"纵向上"实现管理模式的持续改进(Continuous Improvement)。

　　本书研究的技术路线框架图如图 1-6 所示。

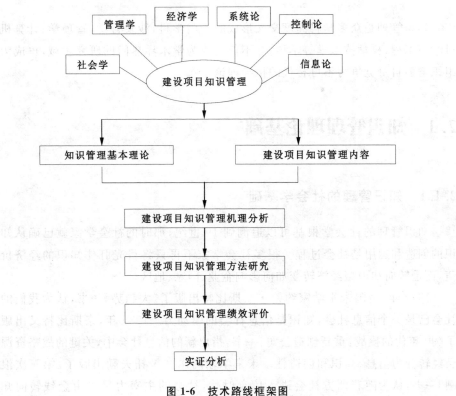

图 1-6　技术路线框架图

2 知识管理基本理论

知识管理是众多学科高度交叉形成的一门学科,涉及哲学、管理学、计算机科学与工程、科学技术学等学科,它不仅已成为学术界热门的研究领域,也成为组织增强自身竞争力不可替代的指导理论。

2.1 知识管理理论基础

2.1.1 知识管理的社会学基础

知识管理的社会学根基可以追溯到 19 世纪,那时的社会学家就已确认知识的创造和运用是社会过程。很多社会学家不再只将目光盯住知识的经济价值,而是转向知识型经济转变如何影响企业、国家、地区。

1982 年,美国未来学家约翰·奈斯比特出版了《大趋势》一书,认为我们的社会已是一个信息社会,知识是信息社会的驱动力。1985 年,奈斯比特又出版了《90 年代的挑战:重新创造公司》一书,指出新的信息社会中,关键的战略资源已经转变为信息、知识和创造性。未来学家阿尔文·托夫勒出版了《第三次浪潮》一书,认为随着西方社会进入信息时代,社会的主宰力量将由金钱转向知识[21]。管理学者 Drucker 在其《新组织的来临》中提出了"知识工人"的概念[22];其后,他在《后资本主义社会》一书中系统地论述了"知识社会"的概念[23]。他指出,知识已成为生产过程中的一个关键资源,知识生产力已经成为生产力、竞争力和经济成就的关键。

1994 年,由美国阿斯本研究所(The Aspen Institute)等机构以《知识经济:21 世纪信息时代的本质》为总标题发表了《1993—1994 年鉴》。该年鉴分析了信息社会的特征和本质,指出了信息和知识正在取代资本和能源而成为能够创造财富的主要资产。产生这个现象的原因在于世界经济已变成信息密集型,信息和信息技术具有独特的经济属性。

1996年,经济合作与发展组织(OECD)发表题为《以知识为基础的经济》的年度报告。这一提法强调了知识作为一种资源在新的经济社会形态中所具有的基础特性。OECD在随后发表的《1996年科学、技术和产业展望》报告中又指出,知识经济是以知识(智力)资源的占有、配置、生产和使用(消费)为最重要因素的经济。

2.1.2　知识管理的经济学基础

经济学对知识的认识体现在四个方面:经济学理论对经济发展源泉的探索;知识积累是企业成长的重要原因;经济学对知识的探索(知识具备促进经济发展和企业成长的经济属性);知识资本理论的提出。

(1) 经济学理论对经济发展源泉的探索

对知识的认识开始于新古典经济学。新古典经济学之父马歇尔最先认识到了显性知识对于经济的重要性,他指出存在于组织中的知识更新是生产力最强大的动力引擎(Marchall, 1965),但是马歇尔对知识的关注仅仅局限于以价格信息所表达的知识。索洛进一步提出了著名的新古典经济增长模型,认为经济增长和技术进步(Solow, 1956)与知识积累密切相关,但是该模型的致命弱点是把技术进步定义为一个不变的、外生于经济制度的比率,从而不能解释技术进步的原因,没有认识到知识对经济增长的突出贡献。

直到20世纪80年代中后期,罗默和卢卡斯提出了新增长经济理论(也称作内生增长理论),才把技术进步纳入经济增长的内生体系,真正把知识作为经济增长最重要的因素,例如罗默提出了经济增长四要素理论,他把知识分解成两个可度量的要素(Romer,1986):人力资本(以受教育年限衡量)和新思想(用专利衡量)。新经济增长理论对知识管理有三个关键的启示:① 新兴的经济是以知识为基础的;② 新知识的探索与开发为经济的无限增长提供了可能;③ 知识积累导致技术变革,构成经济增长的原动力。此外,经济学家锡德·温特(Sid Winter)、戴维·蒂斯(David Teece)、乔万尼·多西(Giovanni Dosi)、基思·帕维特(Keith Pavitt)为调查知识如何推动企业创新并成为企业常规和程序的核心做出了贡献。

(2) 知识积累:企业成长的原因之一

在宏观上,知识是经济增长的源泉,在企业成长的微观层面,经济学研究了企业内部的知识积累的重要意义,发现从知识积累的角度可以很好地解释企业成长现象。

奥地利经济学家熊彼特(J. Schumpeter)最先意识到知识积累(知识创新)这一现象的重要意义,他在1912年的著作《经济发展理论》中指出,所谓创新就是把从来没有过的关于生产要素和生产条件的"新组合"引入生产体系。熊彼特指出,新产品、新的生产技术、新市场、新的原材料供应和新的企业组织都是知识的"新组合"结果(熊彼特,1913)。熊彼特的理论不仅揭示了经济发展的内在本质,而且为后人研究知识创新的机理提供了理论依据。

潘罗斯的企业界增长理论及尼尔森和温特的演化经济学则将企业的知识积累机制与企业成长紧密联系起来。在潘罗斯看来,企业的成长过程是这样的:对生产性资源的使用产生生产性服务,生产性服务发挥作用的过程推动知识的增加,而知识的增长又会导致管理力量的增长,从而推动企业的成长(Penrose,1959)。

尼尔森和温特则用组织惯例来描述知识积累过程。他们认为企业是知识的仓库,企业把已有的知识储存在组织惯例中,并在经营过程中搜寻新的知识并形成新的惯例,企业就是在组织管理的不断搜寻和更新过程中不断的演化成长(Nelson和Winter,1982)。

(3) 经济学对知识的探索

1974年诺贝尔经济学奖获得者哈耶克(Von Hayek)的《经济学和知识》(1936)、《知识在社会中的应用》(1945)等论文,都强调了知识对经济研究的作用。哈耶克在1952年出版的《感觉的秩序》专著中,不仅形成了其知识论的核心,还深入地探讨了人类学习的问题。在哈耶克看来,个人知识的开发和对变化了的情况做出迅速反应,是决定劳动分工的社会能否进步的重要因素。经济学只有当它能够说明所参与的行为主体如何获得知识,并且在竞争中利用这些知识,才能重新成为一种经验科学。也就是说,通过竞争,各个竞争者相互协调程序。一方面,众多的行为主体的分散知识作为投入得以利用;另一方面,通过竞争过程又可以产生许多作为产出的新知识。

沿着这个思路分析下去,经济学家认为,知识可以分为两大类,一类是关于生产技术的知识,另一类是关于协调生产的制度知识。其中,制度知识的本质是解决如何协调分工的问题,制度知识的获取和积累是降低交易成本的关键。将上述关于知识的认识应用到企业中,可以认为,企业是一种包括生产技术知识和制度知识在内的知识一体化的制度安排,是由掌握各种不同类型知识的人组成的"团队生产"组织形式。

到 20 世纪 50 年代末 60 年代初,Nelson(1959)、Arrow(1962)等人比较全面地论述了科学知识的生产问题,如知识的公共性和私有性问题。知识的公共性主要表现为:① 知识产品的生产者很难把知识创新的成果占为己有;② 知识产品的消费并不影响其中某个人的消费;③ 知识产品具有很强的外部性。但是知识的公共性不能解释知识产权、知识的有偿转让等现象。新科学经济学对这个问题做了很好的解释:知识首先是一种公共产品,但是随着科技发展的深入,信息量的加大,知识的授受者不再能完全地免费共享知识,需要本身知识和经验的积累,同时某些知识也具有私人占有性的一面,以知识产权等形式为私人占有。

知识的这些经济属性,特别是知识具有的消费、使用的边际效益递增而边际成本为零的特性,可以很好地解释知识积累对经济发展和企业成长的巨大作用[24]。同时,知识具有的私人占有性对知识的管理提出了新的要求,成为知识管理的一个重要前提。

(4) 知识资本理论的提出

知识资本理论的代表人物是美国《财富》杂志编辑斯图尔特(Stewart)[25]和瑞典斯堪的纳维亚财务服务公司的艾迪文森(Edvinsson)[26]。前者一直致力于知识资本理论思想的研究和推广,在 1991 年提出了知识资本概念,指出知识资本已经成为美国最重要的资产,随后将这个概念微观化,指出知识资本是企业最有价值的资产。他的主要贡献在于将长期以来被大家忽视的知识资本及其重要性揭示出来。艾迪文森则从实践角度提出了知识资本的管理和评估模型,在 1992 年提出了第一份资本报告,1997 年发表了第一部关于知识资本管理和评估的专著《知识资本:组织的新财富》,结合自己财务服务公司的现状提出了从顾客、流程、产品更新与开发、人力因素和财务等角度对知识资本进行动态评估的方法。知识资本理论的提出为理解企业的知识活动提供了一个新的理论框架,揭示了企业界重视人力资本管理和无形资产投资的根据和意义,为建立知识管理战略奠定了理论基础。

罗默(Romer)提出的新经济增长理论,将知识作为一种内生变量引入经济分析框架,阐述了知识在宏观经济增长中的作用,反映了经济增长范式的转变。他的知识资本理论试图从微观经济层面上阐述企业组织内部知识资本化的过程,并以此为基础来解释一些知识密集型企业的账面价值和市场价值间存在的巨大差额。

2.1.3　知识管理的管理学基础

对知识管理理论影响最直接的是管理学。尽管从泰勒（Tailor，1911）主张将工人的个人经验和隐含的技能转化为客观、科学的知识过程开始，管理学者大多都重视信息、知识、个人的能力等要素在企业中发挥的作用，但是一直到近年来随着战略理论的不断发展，管理界才明确地把知识看作企业的一项重要的知识资源。因此，一般认为，知识管理是源自以知识为基础的企业理论、基于资源的企业战略观理论、企业能力理论的进一步深化[27]。

（1）以知识为基础的企业理论

从经济学家对知识的分析中可以看出，企业所提供的是许多人能够集中使用其各自专业知识的环境和条件，也就是默会知识的交流、转移与共享的平台。由于知识的默会性，企业组织的重要功能之一就是用共同的表达方式进行交流，使得默会知识的交流、转移与共享更为经济。这些认识构成了企业知识理论的基本观点。

以知识为基础的企业理论（Knowledge-based Theory of Firm），也可称为基于知识的企业理论。它最初起源于资源学派，在发展过程中又超越了资源学派的范围。资源学派强调企业现有资源的合理配置，并将知识看作最重要的战略资源，但这里的知识仅局限在流程知识、专利创新等。以知识为基础的企业理论将企业的基本活动整合到知识资本的运动中，认为企业是围绕知识运转的经济组织，通过知识的创造、使用和传播来提供产品和服务以实现企业价值。这样把企业看作围绕知识运作的机构，重新研究传统管理理论关心的问题。德姆茨（Demsetz）认为企业知识具有不对称性，这种不对称性与知识的专用性、员工知识的有限性结合起来共同决定了企业内部协调、交流的重要性；知识的专用性也决定了企业进入某行业往往需要较高的成本，引入外部知识则可降低行业进入成本，企业知识的向外传递可提高企业的知识收益，表现出单位收益递增的倾向。格兰特（Grant）认为知识整合的关键不在于知识的传递，而在于使组织成员相互学习，他提出了知识整合的四种机制：规则和指令、串行、惯例、集体解决问题决策。日本的野中郁次郎（Nonaka）则特别强调组织知识的创造，着重分析个人未编码知识与组织编码知识的互动关系。

以知识为基础的企业理论将知识作为企业的战略性资源，将企业的性质视为知识集成与知识整合的机构（Grant，1996；Spender，1996）。这种理论强调了知识系统中个人未编码的专门知识的重要性及个人对这些知识的所有关系[28]。

在以知识为基础的企业理论看来,企业的制度安排与组织安排应该保证个人未编码知识向组织编码知识的有效转化,保证个人专门知识最大限度地被整合到企业的知识资源中,成为组织资产。

当今,知识是公司价值和产品价值的核心,产品的价格取决于产品的知识含量,人才价值取决于知识的使用和获取能力,网络是知识传播的平台。企业的价值与企业的知识含量直接相关,产品的价值不仅由其所含的原材料决定,还要取决于其知识的含量。知识含量决定公司价值、产品价值。知识管理能力是公司的核心竞争力,技术创新能力决定公司的持续发展力,公司对市场环境的应变能力决定公司的生存空间。

综上所述,企业知识理论提供了一个全新的分析企业差异和企业行为的视角。

(2) 基于资源的企业战略观理论

基于资源的企业观的核心观点是:企业可以看作是独有的、难以模仿的资源和能力的集合,企业这些特殊的资源可以是有形的,如设备、生产技术,也可以是无形的,如品牌、操作流程等。而能力是能够发挥特殊职能和作用的资源集合体,如果企业置身于这些能力能够发挥价值的状态中,就构成了企业的持续的竞争优势。

按照巴尼关于资源在什么样条件下才能够产生持续的竞争优势的讨论(Barney,1991),企业的知识满足有价值的、稀缺的、不能被完全模仿的和难以替代四个条件,所以基于资源的企业观认为知识是一种重要的战略资产,因此必须用战略的目光对待企业的知识资产。

(3) 基于知识观的核心能力理论

最有影响力的是普拉哈拉德和哈默尔提出的核心能力(Prahalad 和 Hamel,1990)和替斯等人提出的动态能力(Teece,et al,1997)。

企业核心能力是"组织中积累性学识,特别是关于如何协调不同的生产技能和有机结合多种技术流派的学识"。由此,知识是核心能力的具体表现形式和依附载体,是形成企业核心能力的源泉,可以说企业核心能力的本质是企业特有的知识和资源(范徵,2001)。

动态能力的战略观认为企业必须适应不断变换的环境,更新自己的能力,而提高和更新能力的方法主要是通过技能的获取、知识和诀窍的管理、学习。替斯等人认为,能力包括组织惯例、技能和互补资产,这里面包含了大量的隐性知识,正因为如此,特定企业的组织能力才难以被复制和模仿(Teece,et al,1994)。

　　组织要做好知识管理,首先必须了解何谓核心能力。构成公司竞争优势的核心能力,是日积月累的结果,他人无法轻易模仿。用图 2-1 可表示核心能力的重要性。

图 2-1　核心能力、必要能力和辅助能力

　　辅助能力对核心能力有所贡献,但易于模仿;必要能力则是公司不可或缺的要件,但其本身不足以构成公司的竞争优势。

　　一般认为,要从知识分析角度识别企业的核心能力,宜采用以下三个步骤:一是对企业知识的整体运行机制进行分析;二是寻找对企业的价值创造起到关键作用的知识,判断这些知识是否是企业内部的、特有的、隐性的、蕴含于整个企业组织之中的;三是寻找对企业知识本身的创造、融合和内部交流起重要作用的知识,这种特有的知识是难以被模仿复制的,其重要原因是,企业拥有核心能力的内在基础,也正是竞争优势的持久性的基础。

2.1.4　知识管理的系统论、控制论与信息论基础

　　(1)系统论基础

　　系统一词最早出现于古希腊语中,原意是指事物中共性部分和每一事物应占据的位置,也就是部分组成的整体的意思。可是将系统作为一个重要的科学概念予以研究,则是由美籍奥地利理论生物学家贝塔朗菲(Ludwing Von Bertalanffy)于 1937 年第一次提出来的,他认为系统是"相互作用的诸要素的综合体"。

　　任何事物都是系统与要素的对立统一体。系统与要素的对立统一是客观事物的本质属性和存在方式,它们相互依存、互为条件,在事物的运动和变化中,系统和要素总是相互伴随而产生、相互作用而变化,它们的相互作用有如下三个方面:

　　① 系统通过整体作用支配和控制要素

　　当系统处于平衡稳定条件时,系统通过其整体作用来控制和决定各个要素在系统中的地位、排列顺序、作用的性质和范围的大小,统率着各个要素的特性和功能,协调着各个要素之间的数量比例关系,等等。在系统整体中,每个要素

以及要素之间的相互关系都由系统决定。系统整体稳定,要素也稳定;当系统整体的特征和功能发生变化,要素以及要素之间的关系也随之发生变化。

② 要素通过相互作用决定系统的特征和功能

一般地说,要素对系统的作用有两种可能趋势。一种是如果要素的组成成分和数量具有一种协调、适应的比例关系,就能够维持系统的动态平衡和稳定,并促使系统走向组织化、有序化;另一种是如果两者的比例发生变化,使要素相互之间出现不协调、不适应的比例关系,就会破坏系统的平衡和稳定,甚至使系统衰退、崩溃和消亡。

③ 系统和要素的概念是相对的

由于事物生成和发展的无限性,系统和要素的区别是相对的。由要素组成的系统,又是较高一级系统的组成部分,在这个更大系统中是一个要素,同时它又是由较低一级要素组成的系统。

系统理论的创立,使人们的思维方式发生了根本性的改变,从时空分离走向时空统一,从局部走向整体,从分散方法走向系统方法。它使人们对客观过程的认识更加深刻,使人们的认识提高到一个新的水平。它为解决现代科学技术和社会生活中的各种复杂问题,提供了有效的工具和手段。贝塔朗菲是一位生物学家。他针对生物学研究中的机械论和活力论,提出了机体论的思想。在此基础上创立了一般系统论。基本内容有:系统原理,系统技术,系统哲学,系统本体论、系统认识论、系统价值观。

系统论给人们提供了一种科学的思维方法,即系统思维方法。系统思维,就是把研究对象作为一个系统整体进行思考、研究。它同传统的思维方法有很大的区别,有其独具的思维特征,它是一种整体的、多维的思维方式。系统思维的特征表现为多维性、目的性、相关性和优化性。

建设项目是一个复杂的开放系统,同时,知识管理具有高度复杂性及跨学科的特点,因此必须以系统论为基础进行研究[29]。知识系统的子系统包括:组织、技术、过程以及文化。

(2) 控制论基础

控制论和信息论、系统论,几乎同时形成于 20 世纪 40 年代,它的主要创立者是美国数学家、学者维纳(Norbert Wiener)。在控制论产生后的短短几十年的历史中,它以神奇的力量迅速发展,并渗透到人类活动的各个领域,几乎与所有的学科都发生直接或间接的联系。控制论同信息论、系统论一样,也是一门跨越学科门类,具有浓厚方法论性质的科学。

控制论的定义曾有过各种表达方式,但其基本概念则相差无几。维纳把控制论定义为"关于在动物和机器中控制和通信的科学";钱学森将其定义为"控制论的对象是系统","为了实现系统自身的稳定和功能,系统需要取得、使用、保持和传递能量、材料和信息,也需要对系统的各个构成部分进行组织","控制论研究系统各个部分如何进行组织,以便实现系统的稳定和有目的的行为"。由此可见,控制论是研究系统调节与控制的一般规律的科学,它是自动控制、无线电通信、神经生理学、生物学、电子学、数学、医学和数理逻辑等多种学科互相渗透的产物。

控制论的发展过程大致分为三个阶段。20世纪50年代末期之前为第一阶段,称为经典控制论阶段;20世纪50年代末期至70年代初期为第二阶段,称为现代控制论阶段;20世纪70年代初期至现在为第三阶段,称为大系统理论阶段。经典控制论主要研究单输入和单输出的线性控制系统的一般规律,它建立了系统、信息调节、控制、反馈、稳定性等控制论的基本概念和分析方法,为现代控制理论的发展奠定了基础,它研究的重点是反馈控制,核心装置是自动调节器,主要应用于单机自动化;现代控制论的研究对象是多输入和多输出系统的非线性控制系统,其中重点研究的是最优控制、随机控制和自适应控制,主要应用于机组自动化和生物系统;而大系统理论的主要研究对象是众多因素复杂的控制系统,研究的重点是大系统的多级递阶控制、分解-协调原理、分散最优控制和大系统模型降阶理论等。

根据维纳及其他学者阐述的控制论的基本概念、基本关系、基本思想,归纳出控制论的基本原理有:控制反馈原理和反馈方法;可能性空间和可控原理;目的、行为相似性原理和功能模拟;输入输出原理和黑箱方法。

建设项目知识管理控制的一般过程包括以下三个基本步骤:确定控制标准;根据标准衡量执行情况;纠正实际执行中偏离标准或计划的误差。

① 确定控制标准。这是控制过程的起点。项目的独特性特点决定了项目的不可"拷贝"性,从而项目实施成果评价困难,通常只能与计划比,与目标比。因此,项目的计划是控制的依据,在计划中应建立一套科学的控制标准,作为衡量工作成果的规范。

② 衡量成效。这是控制过程的第二个步骤。这一步是依据标准衡量执行情况,把实际成效与标准进行比较,对工作做出客观评价。按照标准衡量实际成效,最理想的是在偏差尚未出现之前就有所觉察,并采取措施加以避免。为实现这一点,光凭管理者的经验是远远不够的,必须凭借切实可行的控制标准和测定手段,才能客观评价实际的或预期的执行情况。

③ 纠正偏差。这是控制过程的第三个步骤。这一步是在衡量工作成效的

基础上,针对被控对象状态相对于标准的偏离程度,及时采取措施予以纠正,使其恢复到正常状态上来。

(3)信息论基础

信息论产生于 20 世纪 40 年代,它的主要创立者是美国的数学家申农(G. E. Shannon)和维纳。最早信息论仅局限于通信领域,是一门应用概率论和数理统计方法研究信息处理和信息传递的科学。它的基本内容是研究信源、信宿、信道及编码问题。后来信息论作为控制论的基础,它研究的是通信和控制系统中普遍存在着的信息传递的共同规律,同时也是研究如何提高系统的有效性和可靠性的通信理论。随着现代科学发展的综合化、整体化,信息概念及其方法远远超出通信领域,已经推广和应用于其他学科,如生物学、医学、仿生学、语言学、管理科学等,从而使局限于通信领域的信息理论,发展成一种广义信息论。

信息论的基本思想和特有方法完全撇开了物质与能量的具体运动形态,而把任何通信和控制系统看作是一个信息的传输和加工处理系统,把系统的有目的的运动抽象为一个信息变换过程,通过系统内部的信息交流才使系统维持正常的有目的性的运动。任何实践活动都简化为多股流,即人流、物流、财流、能流和信息流等,其中信息流起着支配作用。通过系统内部的信息流作用,才能使系统维持正常的有目的的运动,它调节着其他流的数量、方向、速度、目标,并按着人和物进行有目的、有规律的活动。因此,信息论可以说是控制论的基础。

信息论方法是一种借助于信息的获取、传送、加工、处理,对系统运行进行研究的方法,如图 2-2 所示。

图 2-2　信息论方法过程

信息论方法是用联系的、转化的观点综合研究系统过程的方法。这种信息方法具有如下特点:

① 信息为基础,把系统有目的的运动抽象为一个信息变换过程;

② 直接从整体出发,用联系、转化的观点,综合研究系统的信息过程;

③ 对抽象出来的信息过程能够作定性和定量分析。

知识由信息而来,它是通过对信息的识别、提取、分析、归纳、转化而来的,知识管理应充分利用信息技术,使知识在信息系统中加以识别、处理、传播,并有效地提供给用户使用。信息管理是知识管理的基础,知识管理是信息管理的延伸和发展。

2.2　知识的内涵

对于知识是什么,理论界和实践界从不同的层面和角度,有着很多不同的定义。

2.2.1　知识的定义

Peter Drucker 指出,知识是一种能够改变某些人或事物的信息——这既包括使信息成为行动的基础的方式,也包括通过对信息的运用使某个个体(或机构)有能力进行改变或进行更为有效的行动。

Churchman 认为,将知识看作是一种对信息集合的观点,事实上已经使知识这一概念背离了其本质;知识只存在于其使用者身上,而不存在于信息的集合中,使用者对信息集合的反应才是最为重要的。

Thomas H. Davenport 的定义为:知识是一种包含了结构化的经验、价值观、关联信息以及专家的见解等要素的动态组合。它起源于认知者的思想,并反过来影响认知者的思想。在组织内,知识不仅存在于文档和数据库中,而且嵌入在组织的日常工作、过程、实践和规范中。

Davth 和 Prusak 认为,知识是一种有组织的经验、价值观、相关信息及洞察力的动态组合,它所构成的构架可以不断地评价和吸收新的经验和信息。

1998 年 3 月,国家科技领导小组办公室在《关于知识经济与国家知识基础设施的研究报告》中,对知识做出如下定义:经过人的思维整理过的信息、数据、形象、意向、价值标准以及社会的其他符号化产物,不仅包括科学技术知识——知识中最重要的部分,还包括人文社会科学的知识、商业活动、日常生活和工作中的经验和知识,人们获取、运用和创造知识的知识,以及面临问题做出判断和提出解决方法的知识。

对知识的不同定义导致了对知识管理的不同理解。从不同角度来看,知识可以是一种理念状态,一种目标,一个过程,信息的获取,或者是一种能力。若将知识看作目标或信息获取,那么知识管理的重点是加强和管理知识存量。若将知识看作过程,知识管理的重点则是知识流量和知识循环过程。将知识视为能力的观点,其中心是建立核心能力,把握知识诀窍的战略优势,创造智力资本,这实际上是一种战略思维[30]。可以说,从一般意义上,知识是人们对客观世界的能动反应,它产生于人们对客观世界的认知过程,并被应用于人们改造客观世界的活动中。

2.2.2　知识的分类

(1) 四类知识

1996 年 3 月,世界经济合作与发展组织 OECD 在题为《以知识为基础的经济》的报告中,把对经济有着重要作用的知识分为四类,并分别做了说明:

① 知道是什么的知识(Know-what),指有关事实方面的知识。在一些复杂领域,专家们需要掌握许多类似的知识才能完成任务。

② 知道为什么的知识(Know-why),指自然原理和科学规律方面的理论知识,如牛顿定律、供求规律等。此类知识在多数产业中支撑着技术的发展及产品和工艺的进步。它的产生和再生产由专门机构如实验室和大学来完成。

③ 知道怎么做的知识(Know-how),指做某些事情的技艺和能力,包括技术、技巧和诀窍等。产业网络形成的最重要的原因之一就是企业间有分享和组合 Know-how 类知识的需求。

④ 知道是谁的知识(Know-who),涉及谁知道和谁知道如何做的信息。它包括了特定关系的形成,即有可能接触有关专家并有效地利用他们的知识。对现代管理者和企业而言,重要的是利用此类知识对变化率的加速变化作出反应。

(2) 专门知识和通用知识

根据知识的专业化程度,知识也可被分为两类,即专门知识和通用知识。专门知识是在代理者之间进行转移且要付出高昂代价的知识,通用知识则指无须高昂代价即可传播的知识。知识的转移成本取决于知识的种类、组织环境和技术等因素。通常认为,知识的转移成本越高,它就越专门化;转移成本越低,它就越通用。通用知识较易获得,而专门知识的传播和转移需要付出一定代价。知识管理的根本目标就是采取最有效的方式,以低廉的成本在最短的时间将恰当的知识传播给特定需要者以便他们能够作出最优的决策。

(3) 个体知识和组织知识

从本体论维度来看,知识有个体知识和组织(群组、企业)知识两种。由于知识的产生来源于个体知识,知识是由个人产生的。离开了个人,组织无法形成知识。但在经济活动中,组织也具有自己的知识。特别是表现为企业所掌握的技术、专利、生产和管理规程,有的已嵌入了产品或服务之中。组织知识是将个人产生的知识扩大并结晶于组织的知识网络中形成的[31,32]。个人只能获得和产生专门领域的知识,而在创新活动中,需要掌握各种知识,需要把知识转化为生产力,这就需要组织知识。

（4）显性知识和隐性知识

根据知识规范、客观、理性的程度,知识又可被分为显性知识和隐性知识。显性知识是指能够以一种系统的方法传达的正式和规范的知识,隐性知识是高度个体化、难以形式化沟通、难以与他人共享的知识。这种划分只是为了论述的方便,实际上任何知识都含有隐性的维度。

Leonard（1998）用一个连续体（Continuum）来描述知识。在连续体的一极是完全隐性的,存在于人的大脑和身体中下意识或无意识的知识[33]。而在连续体的另一极是完全显性的,或编码的、结构化的,可以为他人使用的知识,大多数知识存在于这两极之间。显性的成分是客观的、理性的,而隐性的成分是主观的、经验的。显性知识与隐性知识的区别如表 2-1 所示。

表 2-1　显性知识与隐性知识的区别

隐性知识（主观的）	显性知识（客观的）
经验知识（身体）	理性知识（思维）
同时性知识（此时此地）	顺序性知识（彼时彼地）
模拟知识（实践）	数字知识（理论）

2.2.3　数据、信息和知识的区别

数据、信息和知识是不同的概念。Davenport 认为知识既不等于数据,也不等于信息。它们是无法互换的概念,但三者息息相关。Peter Drucker 曾说过:"信息是包括关联性与目标的数据",这说明数据本身并不具有关联性和目标。简单地说,知识不是数据的简单累积,也不同于信息,信息只是知识的原料。

信息是知识的载体,知识是被组织和分析、用来帮助人们解决问题和作出决策的信息（Turban and Frenzel）,因此知识管理是信息管理的深化。知识由信息而来,它是通过对信息的识别、提取、分析、归纳、转化而来的,故信息管理是知识管理的基础,知识管理则是信息管理的延伸和发展。

B. Ingirige 曾用图 2-3 所示模型来描述三者之间的关系。

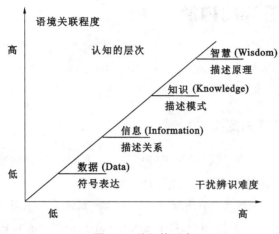

图 2-3　认知的层次

　　夏敬华等[34]认为,可以这样给出数据、信息和知识以及智慧之间的辩证关系(图 2-4)。数据、信息和知识是处于一个平面上的三元关系,分别从语法、语义以及效用三个层面反映人们认知的深化过程,即信息是基于数据进行上下文解释和分析得到的有规律的数据,知识则是在信息基础上进行行为解释而得到的有价值的信息。而智慧则超越了这个平面,它是人们在数据、信息以及知识基础上的独创性活动,并主要以已有的知识存量为基础,可以说是一种更高层次的知识创造过程。

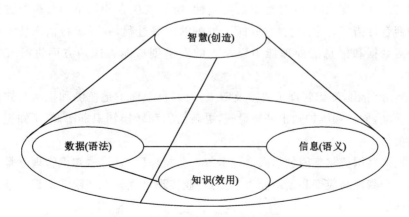

图 2-4　数据、信息、知识、智慧之间的关系

2.3　知识管理的内涵

如同对知识尚无统一的定义一样,对于知识管理,不同的学者从不同的角度给出了不同的定义。

2.3.1　知识管理的定义

微软(Microsoft)公司认为,知识管理是让人们可以随时随地存取他们所需的信息,并且利用该信息来评估问题和机会。

安达信会计师事务所(Arthur Andersen)将知识管理表达成 $KM = (P + K)^s$。其中,K 是指组织的知识(Organizational Knowledge),P 是组织的成员(People),"+"是指技术(Technology),而 S 是共享(Share)。这个公式所要表达的是"组织知识的累计,必须通过将人与技术充分结合,而在共享的组织文化下达到乘数的效果"。

Karl E. Sverby 从认识论的角度对知识管理进行了定义,认为知识管理是利用组织的无形资产创造价值的艺术。

Andreas Abecker 将知识管理活动定义为对企业知识的识别、获取、开发、分解、使用和存储。

Yogesh Malhotra 这样定义知识管理:知识管理是企业面对日益增长的非连续性的环境变化时,针对组织的适应性、组织的生存和竞争力等重要方面的一种迎合性措施。本质上,它嵌涵了组织的发展过程,并寻求将信息技术所提供的对数据和信息的处理能力以及人的发明创造能力这两方面进行有机的结合。

Wiig 指出,知识管理主要涉及四个方面:自上而下地监测和推动与知识有关的活动,创造和维护知识基础设施,更新组织和转换知识资产,使用知识以提高其价值。

按照美国德尔集团创始人之一卡尔·弗拉保罗的说法,知识管理就是运用集体的智慧提高应变和创新能力,是为企业实现显性知识和隐性知识共享提供的新途径。

Bassi 认为,知识管理是指为了增强组织的绩效而创造、获取和使用知识的过程。

　　Davenport（1998）认为，知识管理真正的显著方面分为两个重要类别：知识的创造和知识的利用。

　　从以上知识管理的定义可以看出，知识管理不同于传统的任何管理，它不是一种单一的管理职能，而是涉及生产管理、信息管理、技术管理、人力资源管理和战略管理等多种管理职能的管理形式和内容，是一种跨越在这些职能之上的更高级化的管理[35]。知识管理对于企业而言有牵一发而动全身的重要战略意义。

2.3.2　知识管理研究学派

　　可以简单地将国内外从事知识管理研究的学者们分为三个学派：技术学派、行为学派和综合学派[36]。

　　技术学派认为，知识管理就是对信息的管理。这个领域的研究者和专家们一般都有着计算机科学和信息科学的教育背景，他们常常参与到对信息管理系统人工智能、重组和群件等的设计构建过程当中。对他们来讲，知识等于对象，并可以在信息系统当中被标识和处理。

　　行为学派认为，知识管理就是对人的管理。这个领域的研究者和专家们一般都有着哲学、心理学、社会学或商业管理的教育背景。他们经常参与到对人类个体的技能或行为的评估、改变或是改进过程当中。对他们来说，知识等于过程，是对不断改变着的技能等一系列复杂的、动态的安排。

　　综合学派认为，知识管理不但要对信息和人进行管理，还要将信息和人连接起来进行管理。知识管理要将信息处理能力和人的创新能力相互结合，增强组织对环境的适应能力。组成该学派的专家既对信息技术有很好的理解和把握，又有着丰富的经济学和管理学知识。他们推动着技术学派和行为学派互相交流、互相学习，从而融合为自己所属的综合学派。

2.3.3　项目知识管理的定义和特征

　　在对"项目知识管理"进行定义之前，首先应明确该定义必须满足的要求。本书以为，项目知识管理的定义应该满足：

　　① 比较全面地概括目前理论界和实践界对于知识管理的各种认识和思考；

　　② 比较系统地反映出知识管理的思想、方法和应用层面的内容；

　　③ 比较完整地分析知识管理的内涵和外延；

　　④ 比较科学地界定知识管理的应用价值。

　　项目管理是通过一个临时性的专门的柔性组织,对项目进行高效率的计划、组织、指导和控制,以实现项目全过程的动态管理和项目目标的综合协调与优化。一个项目的完成,除了实现该项目本身预定的目标外,还包括项目信息档案等显性知识以及该项目运作过程中获得的经验教训等隐性知识的产生。

　　本书给出的项目知识管理定义为:

　　项目知识管理包括项目知识的获取、共享、运用和创新等基础环节,并通过知识的生成、积累、交流和应用管理,复合作用于项目活动,以实现项目的价值最大化。同时,站在企业层面,项目与项目之间是连续的,前序项目中积累的知识会成为后续项目的既有知识,因此项目知识管理的另一个重要任务是实现项目知识向企业知识的提升。

　　这个定义凸显了项目知识管理的以下特征:

　　① 知识管理依赖于知识

　　由于知识识别、获取、整理等的全过程中,环节众多,作用机理复杂,因此必须加强对知识的基础管理,确保在一个组织体系内知识可以不断地生成和发展。知识的基础管理是整个知识管理的前提和"知识创造价值"首要的任务。

　　② 知识管理是管理,是以知识为中心的管理

　　强调它的管理特性,就是要突出知识管理可以帮助组织实现知识显性化和知识共享,是一条提升运营效率的新途径。项目知识管理,不是对数据和信息的整理分析那样简单,也不以书本或教条来进行项目管理,而是把信息、流程、人这三大因素有机联结起来,在交流和互动过程中实现知识的共享、运用和创新,是利用知识提升效率、创造客户价值的过程。

　　③ 知识管理是优化的流程

　　该定义强调知识管理的可操作性和流程化特征,按照知识的存在过程与业务流程的结合,通过对每一环节的改进和增值,最终实现"知识创造价值"效率的提高。

　　④ 知识管理是方法

　　知识管理作为管理方法,并不只在企业的个别领域中发挥作用,它与企业管理的各个层面的应用主题相结合,以基本方法和规律指导企业开展智力资本管理、组织设计、人力资源管理、供应链管理、资源规划和客户关系管理,成为辐射到企业各个层次的,以资源整合、潜力挖掘和"知识创造价值"为特征的管理活动。

⑤ 知识管理创造价值

知识管理在企业应用的核心是体现"知识增值"(Knowledge Value Added),因此"知识创造价值"是知识管理对所有业务流程进行改进和变革的基础要求,将在外延上促进知识的资本化和产品化,使企业真正将知识转化为重要的经营资源。

2.4　知识管理的研究领域

对于知识管理的论述可追溯到 20 世纪 60 年代,Polanyi(1967)在其文章中研究了知识的隐性特征(Tacit Dimension)。随后,对知识管理的研究分化到了各个层面和角度。Gold 在其博士论文中认为,知识管理的研究聚焦于以下几个领域:知识管理的过程,知识属性的转化,知识管理的层次,以及知识管理的基础设施(Infrastructure)。

2.4.1　知识管理的过程

在知识管理过程方面,学者们给出了各种观点,偏重不同。组织学习理论者,如 Levitt 和 March(1988)、Huber(1991)认为,组织应重视组织知识的制造和获取。知识理论者,如 Nonaka 和 Tadeuchi 也认为组织应侧重于知识的制造和获取过程。然而 Grant(1996)认为,知识管理强调的不应是与知识获取有关的过程,更重要的是知识的使用过程。

通过对半导体行业知识流的研究,Appleyard(1996)发现,成功的知识管理取决于各企业间的知识共享。通过知识共享有助于行业标准的建立,同时获得必要的知识。这种观点着重于知识共享,而组织仅被看作知识的制造者和获取者[37]。

Itami 认为,组织是一个包括知识在内的无形资产的积聚者(Accumulator),对无形资产的积聚取决于关键信息流。这种观点认为组织知识管理的任务在于积聚尽可能多的知识。

Malhotra(1998)将知识管理看作数据和信息的集成的过程,因此知识管理还涉及信息处理的技术能力。此外,有效的知识管理还应包括营造一个创新的环境。这种观点不仅仅将组织看作知识的获取者,同时考虑了知识的结合与共享过程。

　　Blackler 强调知识管理的系统方法,认为组织应着力于建立知识管理机制,使组织成员能够得到其所需的知识。这种观点强调的是知识的产生和应用。

　　Michael Porter 提出了价值链的概念,认为组织中所有各不相同但又相互关联的生产经营活动,构成了创造价值的一个动态过程,即价值链(Value Chain)。之后,众多学者将价值链的概念应用于知识管理,提出了知识的价值链,尽管给出的名称不尽相同,但一般包括如下 4 个环节:知识制造、知识存储、知识传播和知识使用。成功的知识管理要对价值链中的各个活动环节进行管理,并且要优化各个环节之间的联系,加快知识的流动速度,更有效地共享和运用知识,实现知识的创新[37]。

　　夏敬华等认为,知识管理的过程主要包括知识的生产(Creation)、知识的共享(Sharing)、知识的应用(Utilization)和知识的创新(Innovation),如图 2-5 所示。

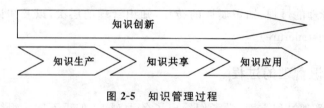

图 2-5　知识管理过程

　　知识生产过程是对现有知识进行收集、分类和存储;知识共享过程是通过知识交流而扩展企业整体知识储备;知识应用过程主要指利用知识生产过程而得到的显性知识去解决问题;知识创新过程指产生各类新知识(如新的产品知识、新的业务过程知识等)的过程。知识创新过程并不是一个单独的环节,而常常是知识生产、共享以及应用三个过程相互作用的结果。

2.4.2　知识属性的转化

　　Hansen 等(1999)认为,知识管理措施应着重于知识的某一属性,否则会造成混淆及形成不恰当的解决方案。企业或组织应根据其涉及的知识的属性,采取相应的策略。这种观点将显性和隐性完全对立起来,采取的措施过于片面。实际上,知识的显性和隐性属性之间是连续的演化过程。

　　Szulanski (1996)提出了知识黏度(Stickiness)的概念,认为知识的隐性成分越大,其传播的难度也越大,反之亦然。黏度等级受以下几个因素的影响:因果关系的模糊性、知识来源的可靠性、知识是否得以证明以及对知识所处环境的理解。

Zander 和 Kogut（1995）研究发现，知识的传播效果取决于两个因素。一个是知识的可编码性（Codifiability），另一个是被竞争者模仿的风险。

Baumard 认为，隐性知识是竞争优势的本质源泉。对隐性知识的掌握可帮助组织或个人解决模糊含混情况下的问题。

Schulz 和 Jobe 则认为，知识管理的关键问题不在于运用何种形式的知识，而在于知识的运用方法。

Nokata（1991）将知识划分为显性（Explicit）知识和隐性（Tacit）知识，借鉴彼得·圣吉学习型组织的理论创意，区别了个体知识与组织知识的概念，将知识按载体不同，分为个体知识、团体知识、组织知识和组织间知识四种。以 Nonaka 的"场"的概念来说，知识是经过社会化、外在化、结合化以及内隐化的过程，产生了知识类型的转变；而隐性知识和显性知识在相互转化中形成了一个不断成长的知识螺旋，从而促进了知识的发展。这个过程包括：社会化，为个体间共享隐性知识的过程；外在化，隐性知识向显性知识的转化；结合化，个体显性知识上升为组织知识；内隐化，显性知识转化为个体的隐性知识，并运用到工作流程中。通过螺旋形的转化，个人知识逐步聚集并转化为组织知识，又扩大和深化了个人知识，推动了知识的产生和创新活动。知识螺旋见图 2-6。

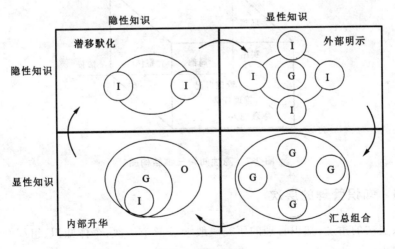

图 2-6　知识螺旋

Fernie 等认为知识具有很强的个体性且伴随着环境的不同而产生差异，知识与所处环境的关系增加了知识管理的难度。知识并不是一种在任何环境下都保持不变的商品，知识不可以轻易地获取和转化。因此知识管理不应该仅仅依靠 IT 技术，以开发出信息系统作为终极目标。实际上，在项目环境下，任何知识管理方法都不可避免地涉及知识的基础——个体知识,因此隐性知识之间的传递和共享,即知识的社会化,起到至关重要的作用。

Wagner(1987)认为隐性知识是一个由三个维度组成的立体结构。

第一维度是内容(Content),包括 3 个组成部分:① 管理自己,指在工作情景中,自我激励和自我组织的知识,如自我调节、克服自我弱点等;② 管理任务,指如何做好与具体工作任务相关的知识;③ 管理他人,指关于管理下属和与同事交往方面的知识,如激励下属以提高产量和工作满意度等。

第二个维度是情景(Context),包括:① 局部情景(Local Context),指集中注意目前具体任务的完成,具有短期性;② 整体情景(Global Context),注重长远目标以及如何将目前的情况和宏大的规划相匹配。

第三个维度是取向(Orientation),包括:① 理想(Idealistic)取向,指一个解决方案在多大程度上符合理想的标准;② 实用(Pragmatic)取向,指一个方案的可实施性。高绩效所需的知识必须具备这两种取向。

这三个维度组成的立体结构由图 2-7 来表示。

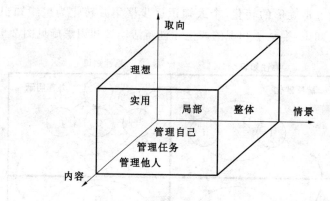

图 2-7　隐性知识三维结构图

2.4.3　知识管理的层次

从层次的角度,知识管理的研究一般涉及三个层次:个体知识、组织知识和外部知识。

个体知识存在于个人的脑海之中,与掌握知识的个人密不可分(Fahey 和 Prusak,1998;Glazer,1998)。在将个体知识连接形成组织知识的过程中,东方理论认为个体知识是知识创造的基础,所有的知识起源于个体知识,组织知识是个体知识间相互作用的结果。而组织知识结构化在其日常的工作流程,以及各种工作程序、宗旨、规则等之中。组织创造知识的能力来源于对已有知识的合成能力,对知识价值的认知能力和运用知识的能力。同时,组织并非拥有所有必需的知识。它必须或不得不和其他组织建立某种契约或合作关系,形成组织间的知识共享和运用。

近年来,许多学者正在从事知识集成(Knowledge Integration)的研究,并从不同的角度对知识集成进行了论述。

Henderson 和 Clark(1990)强调知识集成与运用是创新的基础。

Kogut 和 Zander(1992)强调知识集成是结合现存以及发觉具有潜力的知识的能力,集成工具不仅依靠知识库,还须依靠员工之间的沟通以及良好的企业文化。

Smith 和 Zeithaml(1996)认为,知识的集成必须依靠系统化的工具、指导手册、人员沟通、组织间横向和纵向的连接,才能发挥集成的效率。

Grant(1996)认为,知识集成是结合一般化知识和专业知识的过程,组织内部知识集成的策略在于两个方面:一是相关设备的应用;二是组织之间紧密的效率、范围和弹性。另外组织内外部知识的集成可以透过内部转移和合同方式达到集成的功效与目的。

在评价组织知识集成能力方面,Grant 认为,组织的知识集成能力体现在三方面,即知识集成效率、知识集成范围以及知识集成柔性。集成范围,包括知识内容的范围和知识来源的范围;集成柔性,方便知识不断地得到补充和更新,因而知识集成系统的柔性是知识集成成败的重要指标;集成效率,知识管理的目的可概括为创造知识并利用知识,在知识集成系统中,知识应该能够便捷地到达知识的使用者。知识集成概念模型如图 2-8 所示。

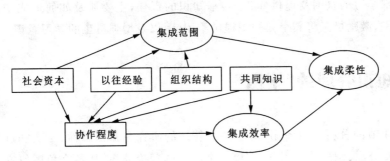

图 2-8　项目知识集成概念模型

Newell 和 Huang 认为项目环境下的知识集成,其本质是项目成员通过共同努力以及利用社会网络资源的过程,目的在于改善项目产出。项目成员的实践经验、以往知识集成的经验以及社会资本直接影响到项目成员的协作程度，进而决定了知识集成的效率和范围。

2.4.4　知识管理的基础设施

许多学者认为技术方面的能力对知识管理的成败起至关重要的作用（Davenport和Klahr，1998；Frappaolo和Capshaw，1999；Duffy，2000；Alavi和Leidner，2001）。技术能力的重点在于建立信息系统，该系统不仅能够处理信息，同时还应支持组织内各种知识管理过程。

Sanchez和Mahoney（1996），Miles（1997），Nonaka和Takeuchi（1995）强调了社会交往（Social Interaction）在知识管理中的地位和作用。

McDermott（1999）提出，实施知识管理的最大障碍可能来源于组织文化和人们固有的工作习惯。

Delong（1997）和Fashey（2000）认为组织文化综合了价值观、组织的宗旨和工作方式，这些因素影响到个体及组织的行为。文化对知识管理的影响体现在如下4个方面：文化确定了何种知识对组织是重要的；文化协调个体及组织知识间的相互作用；文化创造了衡量知识价值的环境；文化决定了组织对新知识的反应。

因此，知识管理的基础设施研究包括技术、组织结构和文化等方面。技术方面主要是研究如何形成知识的传递、储存，以及知识使用者得到知识的便捷程度、人与技术的相互作用。组织结构方面的研究着重形成柔性的组织结构，加强部门内部、部门与部门之间的联系，从而加速知识的扩散和共享。文化是指组织内部学习的氛围及提供知识、共享知识的责任，主要涉及如何形成知识共享的氛围，激励员工将其个人知识提供给团队，以及增强员工的学习意识。

2.5　知识管理的"平衡"

从2.4节的分析可以看出，对于知识管理的研究在知识属性、层次和过程上都是相互分离、割裂的。因此，需要一个统一的理论体系，从各个角度研究知识管理问题[38]。知识管理，简而言之，就是基于知识内容，通过知识活动，创造知识价值，即"内容、活动以及价值"的平衡。

对于组织的知识内容，从性质上看，有隐性知识和显性知识；从所属对象来看,有个人知识和组织知识;从其范围看,有内部知识和外部知识。在实施知识管理过程中,要综合考虑不同类型、不同层次和不同范围的知识。

实施知识管理总是有着一定的目标,体现为一定的价值。知识管理的价值主要体现在它能够有利于提高个人和组织的智商、实现组织的目标以及取得直接的经济绩效等方面。Bowen 等认为,应该将知识管理目标融入项目目标。项目实施前,业主与其他参与方之间会对项目的总体目标以及各种可执行目标达成一致,项目的目标将成为以后项目活动的中心和依据。然而,项目环境下的知识管理需要在项目目标确定时,不仅考虑项目的实物产出和有形产出,更要关心项目对企业知识库的贡献。换句话说,任何一个项目应该有两个明确目标,一是具体项目产品的开发目标,另一个是推动组织学习。这种变化是伴随着人们逐渐认识到项目对企业能力的影响而形成的。

王众托院士认为,由于知识管理的高度复杂性以及跨学科的特点,应该用系统工程的思想和方法加以综合研究。知识系统的体系结构包括:组织体系结构,人员体系结构,技术体系结构,经营体系结构以及文化体系结构。

众多学者将价值链的概念应用于知识管理,提出了知识的价值链,图 2-9 给出了几个著名的知识管理理论框架。成功的知识管理要对价值链中的各个活动环节进行管理,并且要优化各个环节之间的联系,加快知识的流动速度,更有效地共享和运用知识,实现知识的创新。

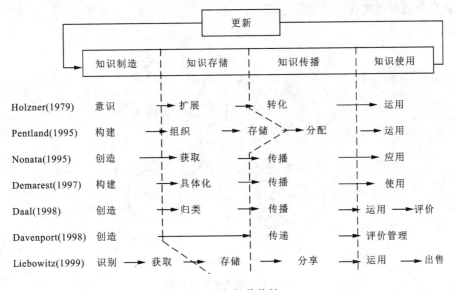

图 2-9　知识价值链

Ching Chy Lee 等则于 2000 年建立了他们的知识价值链,如图 2-10 所示。Ching Chy Lee 的知识价值链由两部分组成:知识管理基础和知识过程管理。知识管理基础包括 CKO 的管理活动、知识工作者的招聘、知识存储能力和顾客与供应商的关系。知识过程管理由知识获取、知识创新、知识保护、知识整合和知识扩散组成。

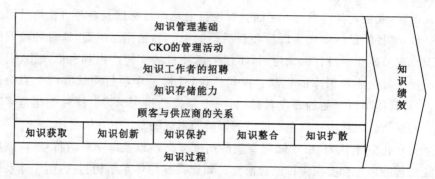

图 2-10　Ching Chy Lee 的知识价值链

综上所述,知识管理并不是一个单纯的 IT 或经营管理问题,它须要实现人员、组织、过程以及技术的平衡(图 2-11),表现为利用信息技术建立一种生产、共享、应用以及创新知识的平台,给员工创造良好的知识环境,保证业务过程的快速、高效,从而在不断的知识共享、应用以及创新过程中潜移默化地形成知识共享及创新的文化。

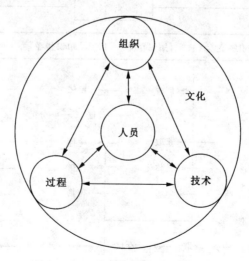

图 2-11　知识管理的平衡

2.6　本章小结

（1）从社会学、经济学、管理学、系统论、控制论和信息论等方面阐述了本研究的理论基础。

（2）在查阅大量文献的基础上，诠释了知识的内涵与知识管理的内涵；在总结和借鉴现有研究成果的基础上，提出了项目知识管理的定义。

（3）介绍了知识管理的主要研究领域，包括知识管理的过程、知识属性的转化、知识管理的层次以及知识管理的基础设施。

（4）论述了知识管理活动的系统性本质，由于知识管理的高度复杂性以及跨学科的特点，应该用系统工程的思想和方法加以综合研究。知识系统的体系结构应包括：组织体系结构、人员体系结构、技术体系结构、过程体系结构以及文化体系结构。

（5）知识管理需要实现人员、组织、过程以及技术的平衡，并在知识管理过程中形成知识共享及创新的文化。

3　建设项目知识管理内容

　　建设项目的知识管理是一个系统工程,它将知识进行分类、共享、创新,将不同知识进行融合,并且在这个过程中人们也可以不断获取知识以及创造知识,从而实现知识的循环。

3.1　建设项目管理与知识管理

　　建设项目有其独有的特点,现代建设项目不同的专业知识,不同参与单位的知识,不同环境条件带来的知识,都使得建设项目知识管理具有更强的复杂性。

3.1.1　建设项目的概念与特征

　　建设项目是最为常见也是最为典型的项目类型,是项目管理的重点,主要是以建筑物为代表的房屋建筑工程和以公路、铁路、桥梁等为代表的土木工程共同构成。

　　建设项目一般具有下列特征:

　　(1) 具有明确的建设目标

　　任何建设项目都具有明确的建设目标,包括宏观目标和微观目标。政府主管部门审核项目,主要审核项目的宏观经济效果、社会效果和环境效果;企业则多重视项目的盈利能力等微观财务目标。

　　(2) 具有资金、时间等的限制

　　建设项目目标的实现要受到时间、资源、质量、空间等多方面的限制:时间约束,即一个建设项目要有合理的建设工期限制;资源约束,即建设项目要在一定的人、财、物条件下来完成建设任务;质量约束,即建设项目要达到预期的生产能力、技术水平、产品等级或工程使用效益的要求;空间约束,即建设项目要在一定的空间范围内通过科学合理的方法来组织完成。

（3）具有一次性和不可逆性

主要表现为建设项目建设地点固定,项目建成后不可移动,以及设计的单一性、施工的单件性。建设项目与一般的商品生产不同,不是批量生产。建设项目一旦建成,要想改变非常困难。

（4）影响的长期性

建设项目一般建设周期长,投资回收期长,建设项目的使用寿命长,工程质量好坏影响面大,作用时间长。

（5）投资的风险性

由于建设项目的投资巨大和项目建设的一次性,建设过程中各种不确定因素多,因此项目投资的风险很大。

（6）管理的复杂性和系统性

现代建设项目具有规模大、投资高、范围广和建设周期长等特点,它涉及的专业、协作单位众多,建设地点、人员和环境不断变化,加之项目管理组织是临时性的组织,大大增加了建设项目管理的复杂性。因此,必须采用系统的理论和方法,根据具体的对象,把松散的组织、人员、单位组成有机的整体,在不同的限制条件下,圆满完成项目的建设目标。

3.1.2　建设项目管理的概念与特点

建设项目管理的对象是建设项目,是在一定约束条件下,以实现建设项目目标为目的,对建设项目实施全过程进行高效率的计划、组织、协调、控制的系统管理活动。

建设项目管理的特点是:

（1）建设项目管理是一种一次性管理

项目的单件性特征,决定了项目管理的一次性特点。在项目管理过程中一旦出现失误,很难纠正,损失严重。由于建设项目的永久性特征及项目管理的一次性特征,项目管理的一次性成功是关键。所以对项目建设中的每个环节都应进行严格管理,认真选择项目经理,配备项目人员和设置项目机构。

（2）建设项目管理是一种全过程的综合性管理

建设项目的生命周期是一个有机成长过程。项目各阶段有明显界限,又相互有机衔接,不可间断,这就决定了项目管理是对项目生命周期全过程的管理。

在每个阶段中又包含进度、质量、成本、安全的管理。因此,建设项目管理是全过程的综合性管理。

（3）建设项目管理是一种约束性强的控制管理

建设项目管理的一次性特征,其明确的目标（成本低、进度快、质量好）、限定的时间和资源消耗、既定的功能要求和质量标准,决定了其约束条件的约束强度比其他管理更高。因此,建设项目管理是强约束管理。这些约束条件是项目管理的条件,也是不可逾越的限制条件。项目管理的重要特点,在于项目管理者如何在一定时间内,在不超过这些条件的前提下,充分利用这些条件,去完成既定任务,达到预期目标。

建设项目管理贯穿于建设项目的全过程,涉及多个参与方,包括业主方、设计方、供货方、建筑企业、监理公司等。随着项目管理组织形式的不同,各单位在不同阶段承担着不同的任务。因此,建设项目管理包括:业主方进行的项目管理;设计单位进行的项目管理;建筑企业进行的项目管理;监理公司进行的项目管理。

3.1.3　建设项目管理与知识管理的有机结合

建设项目管理是通过一个临时性的专门的柔性组织,对建设项目进行高效率的计划、组织、指导和控制,以实现项目全过程的动态管理和项目目标的综合协调与优化。在当今知识经济时代,知识越来越成为一个重要的生产要素,因此,知识管理也应是现代项目管理的重要部分。

一个项目的完成,除了该项目本身应实现的预定目标外,还收获了包括项目信息档案等显性知识,以及该项目运作过程中获得的经验教训等隐性知识。建设项目管理过程是一个隐性知识与显性知识、个人知识与组织知识之间不断转化和不断创新的过程。对这些项目知识进行知识管理,有助于建筑企业今后相关项目的开发,有助于企业的长远发展[39]。

建设项目知识管理的主要特点是:从项目组外集成项目管理所需的知识和信息,帮助项目组进行有效的管理。在项目组内集成项目管理所需的和新产生的知识和信息。充分利用信息技术和知识集成技术,建立以知识和信息为基础的知识型组织和知识集成平台,促进知识和信息交流共享,培养项目成员间的知识共享能力,创造知识和信息共享环境,提高项目成员知识创新的能力。将项目中积累的知识资源进行整理和规范化,用于以后的类似项目,使项目管理知识得以继承和重用。

建设项目知识管理的目标是：在项目管理中最大限度地获取、积累、传递、共享和利用知识，使每个员工在最大限度上贡献知识的同时，也能享用他人的知识，高效、优质地完成建设项目管理任务，实现项目目标。

知识管理的精髓在于通过创建知识导向型的组织结构和知识共享的企业文化，通过有效的激励机制，在组织内部产生持续学习和创新知识的动力，并借助信息技术的支持，达到知识的实时共享和创新，提高组织及其员工的解决问题的能力，最终使组织在战略决策、运营监控、成本效益、服务质量等方面得到优化[40]。

因此，只有将建设项目管理与知识管理进行有机结合才能适应新的经济环境的需要。

3.2   建设项目集成化管理趋势

建设项目的生命周期包含多个阶段，这些阶段的工作内容不同，运用的知识也有不同的性质。而建设项目的最终成功，取决于整个阶段的衔接配合、多个参与方之间的协同整合、诸多管理领域间的整体协调。因此，实现集成化的管理模式是项目管理成功的关键。

3.2.1   建设项目生命期的阶段划分

项目活动是一个渐进的过程，为了管理的需要，我们将项目过程分为若干阶段，每一个阶段以其可交付性成果为标志，这些阶段共同构成项目的生命期。建设项目的生命期，从构思的产生到项目投入使用，按主要工作活动内容，一般可分为四个阶段，即前期决策阶段、设计/计划阶段、施工阶段和运行阶段。习惯上，我们将设计/计划阶段和施工阶段统称为实施阶段，将决策阶段和实施阶段统称为建设阶段，如图 3-1 所示。本书的研究，从建筑企业的角度出发，主要致力于建设项目实施阶段的知识管理。

3.2.2   传统项目管理模式的不足

建设项目是一个系统工程，设计、施工是建设项目生命期中两个有机联系的阶段，设计是对项目产品的详细和具体的描述，施工是根据设计描述生产建筑产品。传统的建设项目管理主要停留在平行承包的模式上，即设计单位主要

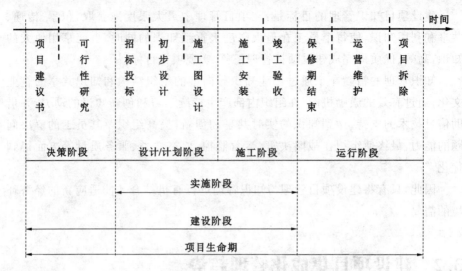

图 3-1　建设项目生命期的阶段划分

进行设计阶段管理,建筑企业则主要负责施工阶段管理,见图 3-2。

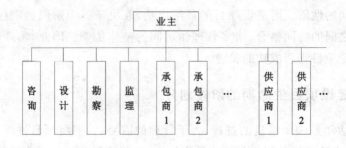

图 3-2　平行承包模式

　　在实施过程中,这种管理活动相互割裂局面体现在两个方面,一是设计和施工过程的分离,使得设计者的意图不被施工方完全理解,或者由于设计的不当造成可施工性(Constructability)差;二是在设计以及施工过程中各个专业之间的沟通、协调不畅。

　　Annumba 将传统模式下项目各参与方之间的工作流动和信息传递称为"抛过墙"(Over the Wall)方法,如图 3-3 所示。

　　实践证明,这种传统模式存在许多缺陷和弊端。主要表现在:

　　(1) 缺乏在一个主体下的有效协调

　　由于设计、施工采用平行承包模式,业主不得不自行在设计、施工之间进行

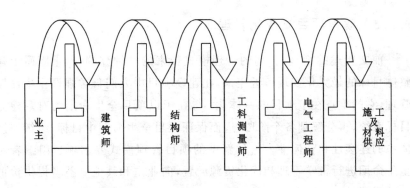

图 3-3　传统模式的设计和施工过程

协调。而业主往往不是工程建设和项目管理的专业机构或专业人员,往往出现协调不当或脱节现象。即使业主聘请专业的项目管理公司进行协调,也会由于承担设计和施工的单位各自属于不同的主管部门,外部协调的效果不好,协调成本高,浪费十分严重。

（2）难以发挥设计的主导作用

设计是采购和施工的依据,在整个工程建设过程中设计处于主导地位。但是,平行承包使设计和施工分离,客观上使设计者站在单纯设计的立场上考虑问题,而不是站在整个项目的立场上全面地考虑问题,设计与采购和施工脱节,不可避免地导致采购和施工的返工。设计不考虑工期和造价,就会不可避免地导致工期拖延、造价提高。

（3）基本建设的无效投资比发达国家高得多

有资料统计,发达国家基本建设的无效投资平均约×％（一位数）,而我国基本建设的无效投资约××％（两位数）。巨额基本建设投资的浪费,与设计、施工平行承包,设计、施工缺乏系统的和整体的管理有很大的关系。

（4）建筑市场占有率低

从国家的角度看,平行承包使得我国分别存在大批单一功能的设计院和单一功能的建筑企业,而像国际上专业的 D＋B 型（Design＋Build）和 EPC 型（Engineering、Procurement and Construction）全功能的工程公司很少,导致我国 D＋B 模式和 EPC 模式的项目管理水平很低,我国重大项目的 D＋B 承包和 EPC 承包大部分被外国公司拿走了。中国公司即使分得一些设计、施工任务,也只能在外国公司的负责下,充当次要的角色或充当分包的角色。

3.2.3　建设项目集成化管理

前文所述的割裂、分离的管理模式带来的种种弊端,严重阻碍了建设项目整体目标的最大化实现。近年来,在建设项目中人们日益强调全生命期集成化管理,它的重点在于项目的一体化[41],在于以项目全生命期为对象建立项目的目标系统,再分解到各个阶段,进而保证项目全生命期中目标、组织、过程、责任体系的连续性和整体性。这种新型的项目管理模式要求项目组织者对项目的全生命期进行科学管理和优化资源配置,向业主和其他受益者提供价值最大化的项目产品。

(1) 建设项目集成化管理的概念

建设项目集成化管理以建设项目全生命期为对象,以运营期目标为导向,采用组织、经济、信息和技术等手段,综合考虑项目管理各要素间的协调统一,实现项目各阶段的有效衔接,注重各阶段和各参与方的知识运用,从而实现项目效益的最大化。这种新型的项目管理模式,克服了目前存在的建设项目管理活动之间的割裂情况,减少了项目参与方之间大量的相互争执和冲突,实现了项目的整体目标以及项目的良性循环。

建设项目集成化管理的研究包含两方面的内容,即建设过程的集成与建设项目管理的集成。① 建设过程的集成致力于寻找建设期与运营期的平衡,项目全生命期管理不仅仅从建设项目实施阶段的角度,还应从项目建成后的运营角度,综合地考虑、分析,建立项目全生命期的目标。并在满足法律法规的前提下,寻求各个参与者均能满意的实施方案。② 建设项目管理的集成的研究主要涉及如何在项目的各参与者之间形成双赢和多赢。也就是在满足各参与方利益的同时,如何"放大"他们对项目目标实现所做的贡献。项目参与各方的相干作用体现在他们之间的各种行政关系或合同关系上,针对建设项目的不同特点,采取相应的项目管理模式、分标方式和合同类型,实现各方的竞争性协同作用。

(2) 建设项目管理的工程总承包模式

工程项目总承包也称为建设项目全过程承包,是建设工程项目管理的一种方式。它克服了传统的项目管理模式的不足,符合建设项目管理的集成化趋势。

工程项目总承包企业受业主委托,对一个建设项目从开始筹备到项目完成,进行全过程的组织管理。从事工程总承包的企业按照合同约定对工程项目的质量、工期、造价等向业主负责。

工程项目总承包将过去分阶段分别管理的模式变为各阶段通盘考虑的系统化管理,使建设项目管理更加符合建设规律和社会化大生产的要求。工程项目总承包是建设工程项目管理向社会化、专业化方向发展的一种较好的形式,也是当前在国际上广泛采用的一种方式。

正是由于这些得天独厚的优势,工程总承包模式在西方发达国家已被广泛采用,并正被我国国内部分大型建筑企业逐步应用,虽然应用得还不够多,但它代表了社会专业化分工的趋势,反映了业主规避风险的客观要求,必将得到业主的认可和市场的认同,成为未来建筑业的重要承包模式之一。

工程总承包的具体方式、工作内容和责任等,由业主与从事工程总承包的企业在合同中约定。现阶段国内工程总承包的模式主要为 EPC 和 D+B 模式。

EPC 是设计(Engineering)、采购(Procurement)、施工(Construction)的英文缩写,是总承包商按照合同约定,完成工程设计、材料设备的采购、施工、试运行(试车)服务等工作,实现设计、采购、施工各阶段工作合理交叉与紧密融合,并对工程的进度、质量、造价和安全全面负责的项目管理模式。

D+B 是设计(Design)、施工(Build)的英文缩写,是总承包商按照合同约定,完成工程项目的设计和施工的项目承包模式。D+B 模式的总承包比较适用于电气和(或)机械设备供货,以及建筑或工程的设计和施工。

实践证明,这两种模式的总承包有许多优越性:可以实现一个主体下对设计、施工的整体管理和控制;充分发挥设计的主导作用;有利于实现设计、采购、施工、试车进度的深度交叉,在确保各阶段合理周期的前提下可以缩短总建设工期;保证工程质量;能实现对工程造价的控制;拓宽设计、建筑单位的业务范围;实现项目管理的专业化。

3.3 建设项目知识管理系统模型

本研究从知识管理的层次、知识管理的过程以及建设项目阶段三个维度,构建建设项目知识管理的系统模型 $K(T, P, L)$,如图 3-4 所示。

在建设项目知识管理系统模型 $K(T, P, L)$ 中,T 代表建设项目阶段,P 代表知识管理过程,L 代表知识管理层次。

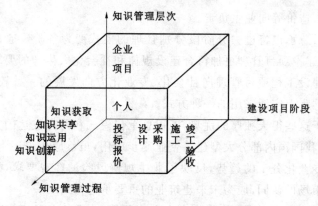

图 3-4　建设项目知识管理系统模型

3.3.1　建设项目阶段

以 EPC 项目为例,建筑企业进行全过程的建设项目管理及知识管理可以分为以下几个阶段:投标报价阶段、设计阶段、采购阶段、施工阶段和竣工验收阶段。

在建设项目的各个阶段,由于工作内容不同,参与方不同,产生和需要的知识也不同。建设项目的运作过程同时也是知识汇聚融合的过程[42],图 3-5 从项目管理运作过程角度出发,描述了建设项目知识管理的内容和知识集成的方向。

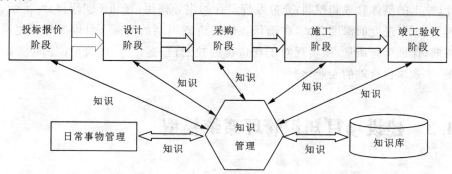

图 3-5　建设项目过程中的知识管理

从图 3-5 可以看出,建设项目全过程的各个阶段都会产生知识和运用知识。建设项目知识管理系统从项目管理运作各个阶段获取知识,然后通过系统的分析和评价等知识处理过程,重新运用到当前的项目管理运作中去,并不断充实企业的知识库,以利于今后项目的实施。

3.3.2　知识管理过程

建设项目知识管理的过程主要包括知识获取、知识共享、知识运用、知识创新。在知识管理过程中，从项目组外获取项目管理所需的知识和信息，在项目成员之间实现共享。充分利用信息技术和知识集成技术，建立以知识和信息为基础的知识型组织和知识集成平台，促进知识和信息交流共享，培养项目成员间的知识共享能力，创造知识和信息共享环境，提高项目成员知识创新的能力。将项目中积累的知识资源进行整理和规范化，用于以后的类似项目，使项目管理知识得以继承和重用。

知识获取过程是对现有知识进行收集、分类和存储；知识共享过程是通过知识交流而扩展项目组和企业整体知识储备；知识运用过程主要指利用知识获取过程而得到的显性知识去解决问题；知识创新过程指产生各类新知识（如新的产品知识、新的业务过程知识等）的过程。知识创新过程并不是一个单独的环节，而常常是知识获取、共享以及运用三个过程相互作用的结果。

3.3.3　知识管理层次

从知识载体的层次来看，知识管理可分为个体、项目以及企业三个层次。知识管理涉及个体知识之间的共享；个体知识可以集成为项目知识；项目知识又能上升为企业知识[43]。

第 4 章将详细论述知识在各层次间流动的机理。

3.4　投标报价阶段的知识管理内容

建设项目的投标报价不仅决定项目能否中标，而且是项目实施成败的决定因素之一。

（1）投标报价阶段的知识获取

① 调查业主情况

通过对业主的情况调查，了解业主的资信情况、资金来源、支付的可靠性和业主的履约态度。

② 研究分析招标文件

通常招标文件描述的范围、要求和职责如果含糊不清，报价文件就会不完整、不准确，招标文件经过承包商的理解、填写、补充、编写、确认，即成为报价文件，报价文件经过评标、澄清、修改、确认，就成为合同条件。所以在投标准备阶段，应认真审查业主的招标文件，不完整的文件要求补充，不准确的文件要求澄清。这是投标报价最重要的基础工作之一。

通过研究分析招标文件，理解业主的项目目标期望，特别是工期、付款条件等的合同条件，承包商责任范围和报价要求，技术规范和图纸等。

③ 调查市场状况

通过市场状况的调查工作，了解材料、机械、燃料价格；劳务市场情况；当地银行的信誉、银行利率和外汇汇率、有无外汇管制措施，在当地银行进行短期融资的可能性；当地是否有保险公司能为工程提供保险服务，其前提条件和费率如何；当地及工程所在地附近的治安、政治经济状况。

④ 调查竞争对手情况

了解有多少家公司通过了资格预审，分析可能参加投标的竞争对手，对手可能采用的投标方法，对手的优势等情况。

⑤ 进行现场考察

现场考察有利于投标人加深对招标文件的理解，有助于投标成功，同时减小中标后项目实施风险。

⑥ 分析整理

对大量的信息进行认真仔细的调查研究、核实并分析整理，形成报告，供投标决策和计算确定投标报价时使用。

（2）投标报价阶段的知识共享

由于 EPC 项目涉及项目的设计、采购和施工的各阶段，所以 EPC 项目的投标文件编制和报价的确定必须有设计、采购和施工的各方面的人员参加和支持，缺少任何一方面的参与都会影响报价的水平和质量。因此，应组成由设计、采购和施工的各方面的人员参与的投标报价小组，促进各方专家的经验和知识融合，实现知识共享。

通常，有以下四方面的人员参与：

① 经营部委派代表，代表公司负责与业主的联络与报价经理的协调。销售代表负责了解业主的背景、项目的背景、项目所在国家及地区的环境，并把情况介绍给法律、财务税务、保险方面的人员；负责组织商务建议书的编制；负责组织合同谈判的签收。

② 报价部，委派报价经理代表公司负责组织技术建议书的编制和报价估算的编制。报价经理应尽最大可能保证报价书与以后项目实施的一致性。

③ 设计、采购、施工、开车、项目控制等各部门选派专业人员,参加在报价经理领导下的报价工作。参加报价的专业人员负责技术方案的确定,人工时估算,工程量估算,进度估算,费用估算,风险分析等,保证技术报价的完整、准确,保证报价书与以后项目实施的一致性。

④ 财务、税务、保险、融资、法律等管理部门,派出专业人员协助编制商务建议书,保证条件和条款的完整和准确。

(3) 投标报价阶段的知识运用

在知识获取和知识锁定的基础上,利用企业定额库和询价(显性知识)、专家经验(隐性知识),结合企业的战略意图,分析竞争对手的报价策略,进行投标策划并确定合理的投标报价。

① 投标策划

投标策划是根据业主的要求和具体工程情况,确定策划目标与深度,针对工程内容进行资源安排和过程组织,完成技术标的编制。目前国际 EPC 项目多是大型化工、能源项目,设备采购和安装占项目比重很大,为了保证项目质量,在评标时通常采用"商务标+技术标"模式,即先进行技术评定后,再从技术合格能达到要求的标书中选择低价中标。技术标的内容应该包括承包商的组织机构、设计方案、采购计划、施工方案、进度计划等。

投标策划的一个作用即是:编制技术标,制订最可能中标的方案,提升业主及顾问工程师对投标者的信心,提高中标机会。此外,投标策划向估价工程师提供工程施工的资料,以便准确计算成本,编制商务标。最后,通过工程介绍向公司领导解释施工难度与风险,为领导决断提供依据,并为中标后进一步施工策划提供原则性依据和参考。

正常情况下,由于工程的复杂性,投标阶段咨询的详细程度有限,投标策划难以十分具体,策划方案通常停留在控制性阶段的总体策划。总体策划时,承包商应该尽可能给自己留有自由选择的余地。在符合业主要求的情况下,设计标准一般不会定得太高,因为设计标准的高低直接关系到承包商在实施中投入的费用的大小,反过来会影响承包商的商务标报价。

② 投标估价

合理投标估价的最终目的是编制商务标。估价主要依据有:承包商根据招标文件要求制作的承包商的建议书,包括设备及主要材料清单,设计图纸;合同条件,尤其是有关工期、支付条件、违约赔偿、外汇比例的规定;工程项目实施总体组织设计;工程项目所适用的法律、法规;工程所需人工、设备、材料的价格;现场考察报告及标前调查报告;承包商整理的类似工程造价及相关资料等。

投标报价主要采用"成本＋利润＋风险"的方法。其中工程总成本一般包括设备购置费、建筑工程费、安装工程费、调试费、试运行费用、备品备件费、勘测设计费、其他费用。具体报价方法是在工程策划的基础上,通过询价等方式,估算出材料费、机械费、人工费,并按一定方法估算出直接费、间接费、税金,同时考虑企业利润和风险即可得出项目总价。

各个承包商预期利润的确定原则都不一样,承包商应根据自身的发展战略、市场的平均利润率水平、竞争的激烈程度和项目的技术难度及风险的大小,合理地确定利润水平。例如,为了提高市场竞争力,一般情况下,国内电站工程EPC总承包项目的利润率可考虑在 5％～10％,国外电站工程总承包项目的利润率可考虑在 10％～15％。

由于项目的复杂性,投标报价时需要考虑的风险因素有很多:建筑市场的现状及前景;施工方案的可靠性;公司自身的情况;工程在施工中的机会;竞争对手的分析;对工程材料市场价格及人工工资变化趋势的认知;利率的变化;总成本价的确定及复核重点。综合考虑上述因素以后,再运用投标报价策略对报价进行调整,如:根据投标项目的不同特点采用不同报价,确定最后总价后再采用不平衡报价法。

投标报价书的格式一般由业主在招标文件中加以明确,承包商在投标时应从其规定,对投标报价进行适当的分类调整。承包商组织项目主要负责人召开定标会议并定标之后,将全部投标文件整理完成即可按照要求送交标书。

(4) 投标报价阶段的知识创新

在投标报价阶段,根据以往项目实施的经验,结合该项目的实际,可提出管理创新和技术创新的设想,以降低成本、提高效率,获得业主的信任与好感,使中标概率增大。

3.5　设计阶段的知识管理内容

建设项目管理的目标实质就是对项目的投资、质量和进度三大目标的管理。设计阶段对工程项目的投资、质量和进度都有决定性的影响。

虽然设计费所占 EPC 项目总成本比重不是很大,但是设计阶段是对工程技术水平和工程造价影响最大的环节,尤其是工艺设计和初步设计阶段。有关统计资料表明,设计阶段对工程造价的影响达到 75％左右,施工阶段影响投资的可能性仅占 5％～10％,因此设计阶段的管理尤为重要[44]。

国外 EPC 项目已经比较成熟,企业都设置有配套的设计部门,能够自行完成设计任务。

(1) 设计阶段的知识获取

① 进一步理解业主目标需求

满足业主需求是设计的主导思想。设计方案的确定,其实质是从专业的角度理解并满足业主的功能要求。

② 理解合同和技术规范的要求

合同中既包含业主明示的需求,也包含各种隐含的需求。合同界定了双方的权利义务,是后续工作的指导性文件。各种技术规范都以显性知识的形式存在,设计过程中需要相应的完善的技术规范,同时应保证其为最新版本。

③ 参考已完成的类似工程设计方案

工程设计采用的一般是成熟的技术方案,主要是因为建设项目成果的不可挽回性。因此,类似项目的成功技术方案在设计过程中会被经常采用,应保证设计方案的可靠性并提高设计效率。

④ 跟踪本领域技术发展水平

对于工业项目,不同的工艺流程、工艺设备;对于民用建筑,不同的结构形式、建筑材料,都会对项目的经济效益、环境效益以及社会效益产生很大的影响。

⑤ 锁定技术专家

设计是一种智力活动,设计质量的好坏直接取决于设计者的能力和职业道德。因此设计工作中应明确锁定持有设计所需知识的专家,这些专家可以是组织内部的,也可以是组织外部的。技术专家的锁定有助于解决重大技术问题以及应对突发的重大事件。

(2) 设计阶段的知识共享

设计阶段,多个专业之间的协同工作是成功的保证。各个专业的设计工作或有主有辅,或相互依存,又由于开展的时间有先后次序,各专业设计之间存在大量的信息传递和交换。这需要专业设计人员的知识有必要的重叠,或有良好的交流平台,保证知识的准确传递和共享。同时,设计的科学性还体现在可施工性(Constructability)上,因此设计工作中需保证施工专家的及早介入,将施工阶段的知识传递到设计阶段,消除施工中可能出现的质量隐患,使设计和施工有机结合。

基于以上原因,在 EPC 项目中,会任命 EPC 项目设计经理,并配备专业构成齐全的设计管理人员组成设计管理部门,在 EPC 项目总经理的直接领导下,开展全过程的设计管理工作。这些专业设计管理人员应包括:建筑师、结构工程师、机电设备工程师、电气工程师、工艺工程师、造价工程师、建造师,便于各专业之间、设计与施工之间的知识交流。

(3) 设计阶段的知识运用

在各个专业的设计管理人员的共同协作下,编制项目的总体规划方案、建筑方案、组织扩大初步设计和施工组织图设计等,完成设计管理的任务。

(4) 设计阶段的知识创新

在设计阶段,根据以往项目设计的经验,结合该项目的实际,可进行工艺设计、建筑设计、结构设计等的创新,提高设计水平。

3.6　采购阶段的知识管理内容

采购包括施工材料的采购和专业设备的采购。采购阶段的管理对工程投资、工程进度和工程质量都有很大的影响。

采购阶段实施成本管理是控制工程投资的重要手段。通常对一个建设项目而言,建筑材料费用约占项目总投资的 70% 左右,对 EPC 类型的工业项目而言,设备购置费可占到项目总投资的 60% 以上[45]。搞好物资采购管理与控制工作,使设备材料的数量、选用标准,采买时间,采买地点和价格得到严格控制,并采取措施避免材料浪费,就能控制设备材料的购置费用,从而使项目总投资得到良好控制。因此,严格控制好设备材料费用,是控制工程投资的重要基础和手段。

设备材料供应安排是影响施工进度和项目实施的重要因素。EPC 项目的采购阶段与施工阶段是交叉进行的。并且,采购安排是以施工阶段的进度和安排为基础开展的。物资能否按计划要求及时到货是影响项目能否按计划实施的重要因素。如果物资不能按计划要求及时到货,势必对施工进度造成不利影响,整个工程进度也很难得到保证。反之,如果物资供应组织得好,就能保证施工有序进行,为工程按计划实施创造良好条件。

设备材料质量是工程质量的基础。设备材料质量是整个工程质量的重要组成部分,是保证整个工程实体质量的内在基础。采购的材料直接应用于工程并最终成为项目产品,材料的质量直接影响到工程的质量。如果设备材料的质量不合格,那么整个工程质量就无从谈起,即使施工质量和施工技术再好,整个工程质量也不可能有保证。机械设备的采购是为项目开车生产服务的,机械设备的质量也直接影响到项目运营。

采购阶段知识管理工作的实质就是物资管理和控制,并通过对物资的有效管理和控制实施对项目的质量、进度和工期三大目标管理。

(1) 采购阶段的知识获取

① 根据设计提供的请购文件向多家供货商询价。

② 对设备和材料供应商的能力、资信进行详细了解。

③ 根据合同要求进行设备和材料的选型,以满足以后运行生产的需要为基本标准。

④ 进行市场行情调查,在保质保量的前提下货比三家择优采购,就近采购,选用最经济的运输方式,尽可能利用商家资源,充分利用资金的时间价值,减少资金占用,合理确定进货批量与批次,尽可能降低材料储备。

(2) 采购阶段的知识共享

建立以项目经理为首,采购控制工程师为核心,由设计经理、采购经理、施工经理、计划工程师、费用控制工程师等有关人员组成的物资管理组织体系。由采购控制工程师负责对整个的采购工作进行统一协调、管理与控制。

(3) 采购阶段的知识运用

① 对供货商的报价进行技术和商务评价;确定 2~3 家拟合作的可能供货商;和可能供货商进行合同谈判;签订合同,发放订单。

② 制定"五适"采购原则(适时、适量、适质、适地、适价),并以此为原则进行采购,把好设备和材料的采购关。

③ 加强设备材料的生产运输、移交过程的控制。除了按照材料采购计划进行采购,合理组织材料进场,减少二次搬运费,还应在签订采购合同后,对设备材料的生产、运输等过程进行监督控制,以确保其按时、按质、按量交付安装。

④ 建立物资管理主流程,制定一系列工作程序、规定和主要控制点,涵盖标准编码库、材料表、请购、询价、评标、催交、检验、运输、接送、仓库管理、材料发送等全过程。制定设计过程的材料控制程序,设备材料发放控制程序,现场材料控制程序,材料用量规定,设备材料请购单审批权限规定,设备材料须用计划审查规定,设备材料领用单审查规定,设备材料询价及报价评审规定等,以规范各部门的物资管理与控制工作,使有关人员在工作中都有章可循,严格按控制程序和规定的要求开展工作。

(4) 采购阶段的知识创新

以物资流为主线,引进开发项目物资管理与控制系统软件。为了实现物资管理与控制的全过程计算机管理,提高控制水平和工作效率,应以物资流为主线,开发适用于设计、采购、施工全过程的项目物资管理与控制软件。软件应以设计提出的材料统计表为基础,形成设计、请购、采购、仓库管理和现场材料控制数据为一体的集成化的数据库软件系统,作为采购、材料控制、仓库管理人员的工作平台,在 EPC 全过程中对设备和材料进行跟踪、管理和控制。

3.7　施工阶段的知识管理内容

施工阶段投入强度大,涉及的参与方众多,因此施工阶段知识管理的内容较多,任务较繁杂[46]。

(1) 施工阶段的知识获取

① 分析合同文件、设计图纸。

② 了解项目的现场情况。

③ 调查劳务、材料供应等的市场情况等。

④ 分析自然环境和外部人为因素对项目实施的利弊。

⑤ 通过设计图纸、交底会议等方式,使项目参与方对业主的项目目标有充分、准确的理解。同时项目各参与方均应明确自己的工作范围、目标要求。

⑥ 及时收集整理施工阶段的各种数据文件,包括新材料、新工艺、新技术的应用记录;业主、监理工程师的工程变更签证和通知;相关会议纪要等。

(2) 施工阶段的知识共享

① 建立畅通的信息和知识传递渠道,方便业主、总承包商、分包商、供货商之间的交流与沟通。

② 尤其重视设计者与施工方之间的知识交流,确保设计意图在施工中充分体现,同时通过设计的优化增强可施工性。

(3) 施工阶段的知识运用

① 编制施工组织设计,主要是施工方案、施工进度计划和施工平面图。

② 制定施工项目管理的规划。

③ 按照工程总进度要求制订年度施工计划、季度施工计划和月施工计划。

④ 进行施工项目进度管理

施工项目进度管理是指在既定的工期内,编制出最优的施工进度计划,在执行计划的施工过程中,经常检查施工实际进度情况,并将其与计划进度相比较,若出现偏差,分析产生的原因和对工期的影响程度,找出必要的调整措施,修改原计划,不断地如此循环,直至工程竣工验收。施工项目进度管理的总目标是确保施工项目在既定目标工期内完成,或者在保证施工质量和不增加施工实际成本的条件下,适当缩短施工工期。

⑤ 进行施工投资的全过程控制

施工阶段投资控制的主要任务是按图施工,不突破标价,减少各种原因产生的费用增加索赔,加强监督管理,节约工程投资。

⑥ 进行施工质量控制

施工是形成工程项目实体的过程,也是形成最终产品质量的重要阶段。因此,应以预防为主,从对质量的事后检查把关,转向对质量的事前控制、事中控制;从对产品质量的检查,转向对工作质量的检查、对工序质量的检查、对中间产品质量的检查,这是确保施工项目质量的有效措施。

(4) 施工阶段的知识创新

在施工阶段,根据以往积累的知识,结合该项目的实际情况,可进行施工技术、施工工艺、施工方案与施工管理等方面的创新。

3.8 竣工验收阶段的知识管理内容

在 EPC 项目中包括负荷试车和性能考核。一方面,试车过程中实施整体调试,通过调试使工程达到设计能力,使产品质量规格达到合同要求。另一方面,试车过程是对 EPC 项目产品的验证,其重点是项目产品的范围、功能、特性和质量,为业主验收提供依据[47]。性能考核合格后才能接收项目。

(1) 竣工验收阶段的知识获取

① 进一步了解对业主项目目标的满足程度,获取业主满意度信息。

② 了解参加验收的其他各方对项目的口头和书面意见。

③ 了解各种资源消耗情况。

④ 进行沉降、抗震以及结构等的耐久性观测。

⑤ 获取竣工检测试验数据、项目试运行情况及质量评定情况。

⑥ 进行环境影响监测。

⑦ 对建设项目实施过程中形成的相关文件和档案进行收集积累、加工整理、立卷归档和检索利用。

(2) 竣工验收阶段的知识共享

通常业主要求 EPC 项目承包商做好从机械完工至联动试车开始的预试车阶段的中间交接,并对中间交接的工作有详细的规定。竣工验收,既是对建设成果进行的全面考核,又为项目的运营和维护提供全面系统的技术经济文件、资料和图纸。因此,依据合同规定的责任和要求,做好中间交接工作,为组织竣工验收做好准备工作非常重要。

(3) 竣工验收阶段的知识运用

① 编制竣工结算。

② 全面系统地进行技术评价和经济分析。

③ 测算效果指标和消耗指标,进行质量、工期、成本的分析,进行项目管理工作的总结,以提高项目管理和设计、施工等的技术水平。

3.9　本章小结

(1) 介绍了建设项目与建设项目管理的概念、特点,提出只有将建设项目管理与项目知识管理有机结合,才能适应新的经济环境的需要。

(2) 分析了传统项目管理模式的弊端,介绍了集成化项目管理趋势和主要研究领域,分析了建设项目管理的工程总承包模式的优越性。

(3) 从知识管理的层次、知识管理的过程以及项目阶段三个维度,构建了建设项目知识管理的系统模型 $K(T, P, L)$。

(4) 以 EPC 项目为例,分析了投标报价阶段、设计阶段、采购阶段、施工阶段、竣工验收阶段知识管理的主要内容,包括各阶段的知识获取、知识共享、知识运用和知识创新。

4 建设项目知识管理机理分析

4.1 企业能力与项目知识管理

企业能力是企业获得利润和保持竞争优势的关键,而知识管理的有效实施是企业能力稳步增长的保证。建筑企业作为以项目为导向的企业,项目为其主要业务形态。因此项目的知识管理效果对其企业能力的增强起着至关重要的作用。

4.1.1 企业能力理论概述

20世纪90年代以来,企业能力理论得到瞩目。企业能力理论实际上是一系列具有特定密切联系的理论的集合体。主要包括"企业资源基础论"(沃纳菲尔特,1984)和"企业能力基础论"(提斯、匹斯安欧和舒恩,1990;兰格路易斯,1992)这两大分支。这些理论的共同之处是:更加强调企业内部条件对企业竞争优势的决定性作用,认为企业内部资源、能力和知识的积累,是企业获得超额利润和保持企业竞争优势的关键[48]。

企业能力理论的出现缘于波特的产业结构战略理论的局限和不足。根据波特的产业结构战略理论,同一产业内的企业之间的盈利率差异要小于产业之间的盈利率的差异。然而,许多经验研究表明,同产业内企业之间的盈利率差异要比不同产业之间的差异大得多。因此可以推断竞争优势并非全部来源于外部市场,而是在更大程度上来源于企业自身的种种因素。波特的产业结构战略理论在20世纪80年代被美国大企业和管理公司奉为"圣经",许多企业以此指导经营实践,不考虑内部条件,一味地盲目追逐热门产业,导致严重失败。因此,20世纪80年代中期以来,战略管理学界和企业界都开始反思和改进波特的战略理论,认识到波特等学者的环境分析仅仅是问题的一半,对企业竞争优势源泉的完整认识还需要加上对企业内部实力和弱点的分析,企业能力理论由此迅速崛起和发展。

20 世纪 80 年代中后期以来,企业竞争的基本逻辑发生了显著改变。在此之前市场竞争处于相对稳定的状态,企业战略可以在一段时期内维持不变,企业获取竞争优势的关键是如何选择合适的竞争产业并给以合适的定位。随着知识经济的兴起、全球经济一体化及国际市场竞争的加剧,产品的生命周期日益缩短,企业的成功取决于对市场的预测和对顾客需求变化的快速反应。因此,企业战略的核心不再是企业产品与市场结构,而是其行为能力;战略的目标在于识别和开发异质性产品的能力,这种能力是消费者将一个企业与其竞争对手区分开来的主要标志。企业能力基础论强调企业的管理实践重点应该由企业的外部条件转向企业的内部条件,认为"核心能力"才是企业竞争优势的基础与源泉,而核心能力的实质在于企业所拥有或控制的独特性的智力资本。

企业能力基础论从"能力"视角来分析企业及其经营,认为企业在本质上是一个能力体系,积累、保持和运用能力以开拓市场是企业获取竞争优势的决定性因素[49]。企业能力的积累或储备能够显著影响企业的经营范围,特别是多元化经营的广度和深度。战略管理中最普遍的核心能力定义是由普拉哈拉德和哈默(1990)提出的,即核心能力是"组织中的积累性学识,特别是关于如何协调不同的生产技能和有机结合多种技术流派的学识"。

这一定义有两层含义:第一层是以"生产技能和技术知识"的形式描述能力,在这一层意义上,能力与资源的概念接近,能力是能够发挥特殊职能的资源集合体,能力的发展明显依赖于资源的有效利用;第二层是与企业持续竞争优势有关的能力发展过程和能力含义,即能力不只是卓有成效地利用资源的功能,能力还与组织结构密切相关,组织资本和社会资本在联结组织结构和能力方面具有重要作用。一套强有力的核心能力的存在决定了企业有效的战略竞争范围,产生了企业特有的生命线。如果企业置身于这些能力能够发挥价值的状态中,就构成了企业竞争优势。所以,核心能力的一个重要特征就是它们的价值是由外部环境决定的,管理者的任务是通过选择使企业能够在其能力发挥的领域中从事经营活动。

企业资源基础论的一般逻辑推理也可用于表述与持续竞争优势有关的核心能力分析。核心能力应当具有 4 个特性:

(1)价值性

核心能力应该能够提高企业的效率,或者说核心能力可以使企业在创造价值和降低成本方面比竞争对手做得更好,从而给最终用户带来新增价值或提供根本性的好处。

(2) 异质性

核心能力不是创造价值的充分条件,价值的创造还以企业比竞争对手更有效地运用不同种类的其他资源为基础。

(3) 不能仿制性

核心能力通过两种独立机制阻止仿效,一种是与资源的特殊性质(如社会复杂性、因果关系模糊等)有关;另一种是通过采取多种战略措施(如专利、品牌、保护性合同条款、商业秘密等)来保护其有价值的资源。核心能力一旦被仿制,与此有关的企业竞争优势就会减少直至消失。

(4) 难以替代性

替代品常常会威胁到核心能力,使企业间竞争优势重新定位。在当今环境急剧变革的时代,企业能力由于其相对的"黏性"或"刚性"也可能成为企业获得持续竞争优势的障碍。因此,在变动的环境中,企业不能局限于其现有的能力,必须持续评估并发展自身能力,才能对环境变革及时和迅速地作出反应,创造并保持企业持续竞争优势。

4.1.2　项目知识与企业知识

建筑企业是项目导向型企业,项目是其主要业务活动,是其利润的基本载体。项目知识管理体现为项目成员个人知识、项目知识以及企业知识的有效获得、转化和整合,通过项目知识管理机制,将项目所获得的知识有效地转化为企业的知识。项目知识与企业知识之间的转化关系如图 4-1 所示。

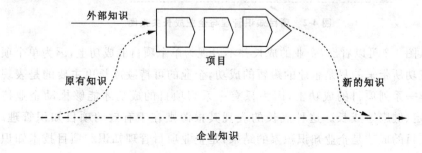

图 4-1　项目知识与企业知识之间的转化

项目知识来源于企业知识,企业知识是项目知识的源泉,项目知识是促进企业知识增长、提高企业能力的重要手段。因此项目知识管理的核心就在于如何有效地将项目所形成的知识转化为企业知识,同时使企业知识有效地为项目服务。企业通过企业知识对项目提供必要的管理和技术上的支持,同时吸收项目所必需的企业外部知识,在项目实施过程中对这些原有的知识进行加工和整合,从而创造出新的管理和技术知识,并将这些知识进一步转化为企业的知识,从而进一步丰富了企业的知识。

4.1.3   项目知识管理与企业成长的关系

我们可以进一步揭示项目知识管理与企业成长之间的作用关系,这种相互作用关系可以通过图 4-2 来表示。

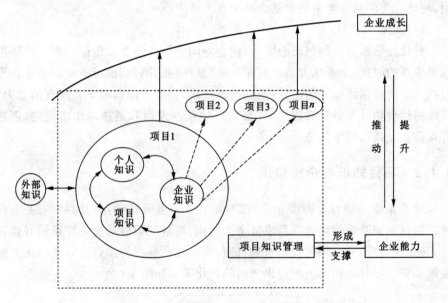

图 4-2   项目知识管理与企业成长关系图

从图 4-2 可以看出,企业的成长并不表现为单个项目的成功上,因为单个项目的成功所带来的只是企业的短暂的成功,企业的可持续成长更主要的是表现在企业一系列项目的成功上,因为只有一系列项目的成功才能够推动企业持续、稳定、健康地成长。这种成长的表现其根源则在于有效的项目知识管理。因为项目的成功是企业知识积累的结果,是企业项目管理知识和项目技术知识不断积累的结果,所以企业要想能够保持持续、稳定、健康成长,就必须加强企业项目知识管理制度的建设。

有效的知识管理是企业成长的根源。而这种项目知识管理又进一步体现为项目成员个人、项目以及企业知识的有效获得、转化和整合的作用关系。通过项目知识管理机制,将项目成员个人以及项目所获得的知识有效地转化为企业的知识,从而形成企业能力。然后以形成的企业能力为基础,通过这些知识进一步支撑企业其他的一系列项目,使得企业在未来的项目管理过程中少犯错误,提高其管理效率和效果,进一步推动企业的成长。同时,企业的成长又可以不断提升企业能力,从而形成以知识管理为核心的项目知识、企业知识、企业能力与企业成长之间的良性循环。

4.2　建设项目知识特点与知识管理障碍

建设项目的生命周期包括决策、实施和使用(运营)多个阶段,每个阶段的工作内容不相同,运用的知识也有不同的特点,同样也面临着不同的障碍和难点。

4.2.1　项目各阶段知识的特点

在项目的各段时间里,需要和使用的知识各具特点。项目中的各项任务包括:① 项目概念的形成;② 目标和范围的确定;③ 项目的详细规划、资源配置,项目的批准;④ 项目的实施和控制;⑤ 项目评价与推广。实际上这些任务有可能重叠、交叉,甚至出现反复,知识的运用也可能有所跨越,但都要进行下列知识活动:① 寻找、发现知识源;② 获取言传性知识:文件、软件等;③ 组织沟通以共享意会性知识。

大连理工大学的王众托院士探讨了在项目各个时段里,需要和使用的知识,以及这些知识各自具有的特点[50]。

(1) 项目概念的形成

在形成概念的阶段,言传性知识还不能很好地组织起来,人们运用的还是意会性知识与人际关系,这些却形成了项目的一般概念,构成了项目有关各方共享的知识基础和日后知识工作的起点。

(2) 目标和范围的确定

在目标和范围的确定、可行性分析与风险分析工作中,专家的意会性知识将起到主导作用。这是建立共识和决策的过程,一方面需要大量言传性知识,另一方面迫切需要直觉和现场经验。

（3）项目的详细规划,资源配置,项目的批准

在项目的详细规划、资源配置、项目的批准过程中,由于要进行工作分解、进度安排与资源配置,使用的多半是言传性知识,需要使用相应的软件(言传性知识的外化)于知识管理系统中,但仍旧需要保持意会性知识来源(如专家联系表)。

（4）项目的实施和控制

项目的实施、控制过程是考验前几步的关键阶段,这个阶段知识管理的任务是一方面及时提供所需要的知识,并检验其正确、恰当与否,另一方面要收集、记录项目进行中产生的知识,并时时改进知识管理系统。这时的知识管理系统,联系了方方面面,特别需要把言传性知识与意会性知识进行有机的集成。

（5）项目评价与推广

在项目评价与推广阶段,应该特别强调学习的功能,因为这时已经可以总结项目的经验和教训,并把结果(包括项目本身的成果)推广出去。这时除了已见诸文字的言传性知识外,还应该利用各种方式收集意会性知识,使其转化为可以传播的知识。

4.2.2　项目知识管理的障碍

建设项目是一个跨学科、多职能的行为过程,在这个过程中,人们不断地获取和创造知识,并将其运用到项目中,从而实现知识的连续循环。因此建设项目过程同时也是知识的运作过程。从时段上,项目的每一个阶段形成阶段知识,阶段与阶段之间存在知识的共享;从组织角度,项目各参与方的知识相互补充、协调集成;从层次上,每一个组织都涉及个体知识、项目知识、企业知识和外部知识,以及它们之间的相互作用;从知识的内容构成上,涉及项目应用领域知识、一般管理知识和项目管理知识。

项目活动中的经验和知识难以得到总结和重复使用,主要症结在于项目和企业组织的目的不同。企业组织的设计以长期存在为目的,而项目的特点在于其临时性和独特性。当项目的特定目的得以实现或以其他原因终止后,项目组解散,项目人员重新组合形成新的项目组。项目组织的临时性阻碍了项目知识的积累[51]。

具体而言,项目知识管理的限制因素主要体现在以下五个方面:

（1）项目的目标导向的限制

项目是以满足或超越客户的期望为最终目标的,这种强烈的目标导向直接

限制了项目成员对知识积累和转化的注意程度。同时,由于项目最终交付成果的支持性文字资料是为客户服务的,其往往是说明性的文档,对项目知识的积累与转化的作用有限。

（2）时间和资源的限制

由于时间和资源的限制,项目成员不得不将全部精力集中于项目本身,而对于项目知识的获取以及转化为企业知识以备以后项目的需要投入的资源非常有限。另外,由于资源的限制,造成对项目成员的绩效评价集中于其在该项目中的表现,对该项目的顺利完成所做出的贡献,而对其企业具有更大贡献的知识积累与转化却很少能够进入评价之中。这就导致了项目成员缺乏应有的激励。

（3）缺乏开放的建设性的共享知识的文化氛围

项目是一种一次性的活动,其成功有赖于开放性的建设性的沟通环境,项目知识管理同样如此,因为只有这样才能使项目成员主动承认错误,主动与他人分享知识,进而促进个人和团队知识的积累。但现实中,往往由于缺乏这样的氛围,导致项目成员不愿意与他人分享自己的私人知识,也不愿意承认错误,从而阻碍了项目知识的积累和在企业中的扩散。由于项目成员合作的时间有限,很难在他们之间形成良好的信任和开诚布公的合作关系,因此这是一个非常难以解决的困难。

（4）临时性组织的限制

项目组织往往是临时性的,其成员来自于企业的其他相关部门,一旦项目结束他们就会重新分散到企业的各个部门。这一方面增强了企业内部成员之间的交流和信息流动,同时也带来了一些负面影响,如所形成的项目文件得不到应有的重视和进一步开发,其他项目的成员重蹈了前人的覆辙或者做了重复性的工作。

（5）缺乏制度保障

企业的项目知识流转与扩散过程是一个典型的由个人学习到团队学习再到组织学习的过程,要实现知识在这三者之间的顺利流转与扩散就需要相应的规章制度作为保障,但是由于企业在项目管理过程中往往缺乏系统的管理机制,而以传统的管理方法、管理手段进行管理,这不利于有效提高项目知识管理的效率,不利于知识分散网络与知识开发网络的有效集成,造成企业为了获取特定知识进行重复努力的现象。

4.3　建筑企业的知识构成

与其他行业一样,建筑业的知识也是十分广泛的,从不同的角度,可以对建筑企业的知识构成进行分类。

4.3.1　按知识范畴分类

Rezgui 认为,建筑企业的知识包括四个部分:领域知识(Domain Knowledge)、组织内知识(Organizational Knowledge)、组织间知识(Cross-Organizational Knowledge)和项目知识(Project Knowledge)。

(1) 领域知识

它组成了整体行业信息内容,包括:行政信息(如规划许可等)、标准、技术规范和产品数据库等。这些知识是行业内所有公司都可以获得的。

(2) 组织内知识

组织内知识主要是公司具体的智力资本。它不仅存在于公司正式的档案记录中,也存在于公司非正式的成熟的活动流程中。同时,这种知识还包括对员工能力、经验的了解。

(3) 组织间知识

主要是各种经营知识,包括与其他项目各方的业务联系,如与业主、建筑师、结构工程师以及分包商的商业关系。

(4) 项目知识

项目知识包括项目记录和记录的或是未记录的流程、问题和解决方案。它是潜在的有用的知识,是组织内知识和组织间知识的源泉。它包括公司拥有的项目有关的知识,也包括与其他公司交互过程中产生的知识。

4.3.2　按知识实践来源分类

上述的分类对建筑业的知识管理策略没有什么影响,它主要是明确了建筑业知识管理的最终对象。但是从事件成败的角度所做的分类——最佳实践知识和事故知识,它们对建筑业的知识管理策略有着重大的影响,应作为建筑业知识管理战略的突破口[52]。

(1) 最佳实践知识

对于最佳实践,由于行业不同它的定义也不同,但是它们都具有创新性的特点。

建筑业的最佳实践应满足以下要求:加强经济、社会和环境的可持续性项目,即在规划中体现可持续性,在设计、建造和使用过程中降低费效比、提供符合质量要求的措施和方案;以及在项目建设过程中形成团队管理和供应商管理的组织管理知识;以人为本的成功管理措施和方案,这是因为建筑业知识的创新和发展需要行业内人员的共同努力。随着我国工程验收规范的改革,验评分离,最佳实践知识将会引起人们的重视。

(2) 事故知识

事故知识包括缺陷和失败所形成的知识。使事故知识化的目的是为人们以后的工作提供帮助,并在一定程度上实现知识的创新,与最佳实践可以说是殊途同归。

人们在这一方面的努力是长期的,成果也是丰硕的。分析、总结事故知识的方法包括工程事故分析方法、工程事故预警系统、工程事故分析系统等。

(3) 其他知识

其他知识是指除最佳实践知识和事故知识外的工程实践一般知识。

4.3.3 按知识载体的层次分类

从知识载体的层次来看,知识分为个体知识、项目知识以及企业知识。

由于不同层次的功能不同,因而处于不同层面的知识最终表现出不同的作用效果。在企业层次上,表现为竞争力的提高和企业决策的适当性;在项目层次上,则表现为管理水平和效率;对个体人员来说,由于知识管理方便了知识的共享和获取,使得员工的表现更好。

4.3.4 按知识的性质分类

按知识的性质分类,建筑企业的知识主要有两种:显性知识和隐性知识。

(1) 显性知识

建筑企业的显性知识既包括其拥有的以方案、图纸、规范、建筑理论、特殊工程技术等形式存在的知识,也包括企业的文化内涵、规章制度、项目管理基础知识等。

(2) 隐性知识

建筑企业的隐性知识主要指各种实践经验知识和员工的创造性的知识,以及在实践中积累的客户知识、相互合作伙伴知识、供应商知识等。与显性知识相比,隐性知识大多存在于企业员工的头脑中,难于共享和交流[53]。

4.4　建设项目知识的流动

知识流是流动的,与传统的物流、劳务流、资金流、信息流等一样,都是在各个节点间的流动。但是,知识流还有着其特殊的地方。例如,不减性,在知识的流动过程中,从某知识节点的知识流出并不会减少该节点所拥有的知识量;多变性,知识流的方向和知识流的拓扑结构比传统的几种流动更加灵活和多变;难以规划性。虽然大多的显性知识的传播可以通过讲座或其他方式由上而下地进行推动,但大多数的知识流动需要依靠知识拥有者的努力。

4.4.1　建设项目信息流和知识流分析

随着技术的发展和竞争的加剧,知识管理成为知识密集型组织中业务过程管理以外的另一项重要实践内容。通过知识管理,组织能够将业务过程中产生的大量知识转化为知识资产,以此获得持久的回报。通常,把知识在多个参与者(组织内或组织间)之间按照一定的规则或流程的产生、传播与应用称为知识流(Knowledge Flow)。对知识流的管理是一种积极的知识管理,能够促使组织经验和能力跨越时间、空间和组织机构进行传递,从而有效地改善其业务活动的功效和性能。因此,为实现业务过程控制和知识管理,需要工作流技术与知识流技术的有机结合,以协调解决以下 3 个关键问题:

(1) 将业务过程控制与知识管理过程相集成;

(2) 促进知识成果的及时共享,促进人员间的协作与交流;

(3) 对人员知识需求的不确定性、知识产生的动态性的有效处理。

信息是知识的载体,知识是被组织和分析、用来帮助人们解决问题和作出决策的信息(Turban and Frenzel)。因此知识管理是信息管理的深化。知识由信息而来,它是通过对信息的识别、提取、分析、归纳、转化而来的。故信息管理是知识管理的基础,知识管理则是信息管理的延伸和发展。因此项目的知识流动和信息流动具有一致的方向,知识流和信息流一样是随着业务工作流程而产生的[54]。

4.4.2   项目阶段间的知识流动

建设项目是一个跨学科、多职能的行为过程,在这个过程中,人们不断地获取和创造知识,并将其运用到项目中,因此建设项目过程同时也是知识的运作过程。建设项目各阶段之间的知识流动如图 4-3 所示。

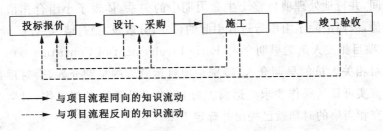

图 4-3   建设项目阶段之间的知识流动

为了更好地实现项目各阶段之间知识的有效流动,本书认为关键是做好两方面的工作:一是并行工程方法的运用;另一个是在项目过程中进行多次的阶段工作总结(Debriefing)。

(1)并行工程方法

为实现项目不同阶段之间的知识共享,特别是考虑到后续阶段的知识对前序阶段的影响,很多学者将制造业并行工程的方法应用到建设领域,形成了并行建设的概念。

并行工程作为一个系统化的思想,是由美国国防先进研究计划局 DARPA 最先提出的。美国国防部指示美国防御分析研究所 IDA 对并行工程及其用于武器系统的可行性进行调查研究,并公布了著名的 R338 研究报告,明确提出并行工程思想,并给出其定义:"并行工程是对产品及其相关过程,包括制造过程和支持过程进行并行的、综合设计的一种系统方法。"这种方法力求开发人员从一开始就考虑产品从概念形成直到报废处理的全寿命周期中的所有因素,包括质量、费用、进度和用户需求。

并行建设的三个基本特点包括:

① 并行的工作流(Concurrent Work-flow)

采用并行的工作流,涉及更多的平行工作,在前序阶段便可以得到后序工作的大量信息,从而尽早地发现可能存在的各种潜在问题。因此在设计伊始便考虑到影响工程质量的所有因素,可以在开发过程早期发现不同工程学科设计人员、功能、可制造性及可装配性及可维修性等因素之间的冲突关系,最大限度地避免设计错误,减少设计的更改和重复次数,提高质量、降低成本,使开发过程接近一次成功的目标。

② 跨专业的项目开发组(Cross-functional Development Team)

在项目建设过程中,设计人员被划分成许多小组,通过并行规划,这些小组将设计工作最大限度地集中起来作并行处理,因此缩短了项目的工期。在项目设计期间,并行地处理项目整个生命周期中的关系,体现了小组合作信任及共享的价值,因而消除了由串行过程引起的孤立、分散及"抛过墙"综合征。

③ 项目相关人员的早期介入(Early Involvement of Constituents)

项目相关人员的早期介入,特别是项目运营方的早期介入,会对项目开发提出更真实可靠的操作要求。运营方、用户在设计阶段参与工作,对生产的有关要求在相当早的时期就已提出并确定下来。

(2) 阶段工作总结

阶段工作总结的目的在于了解阶段知识的特点和积累成功的经验[55],如图 4-4 所示。阶段总结应做好下列工作:

① 将知识管理目标与项目管理目标相结合,在重大里程碑事件后,总结主要经验;

② 尽量由项目组织之外的人员和部门进行知识总结,避免主观性;

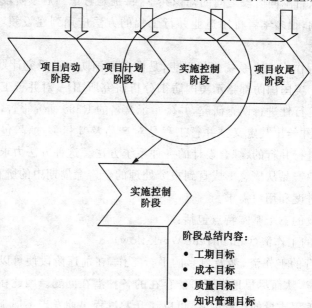

图 4-4　项目阶段总结示意

③ 考虑到隐性知识的特点,总结中应尽量采用多种表达方式,弥补单纯的文字描述的不足;

④ 建立对个体知识、经验进行分析和评价的方法和程序,合理评价其对知识管理的贡献,建立激励机制;

⑤ 致力于在企业组织和项目组织内营造总结经验和知识的责任感和氛围。

4.4.3　项目各参与方之间的知识流动

任何组织都不可能拥有所有领域的知识。在项目过程中,都不得不寻求并借助于外部知识[56]。其中,一个重要的问题是如何确定知识源。

建设项目有着多个参与方,且他们都属于不同的利益主体。从组织结构上看各个主体在其中的地位和任务是不同的,在 EPC 模式下,总承包商负责统一协调各专业承包商的行为。各专业承包商则更多的是按照合同及行业的基本规定进行自主决策,处于真正的决策层,负责工程项目各阶段、各部分的具体计划与控制;由于工程规模巨大,专业承包商仍然需要将工作进一步授权分配到更下一级的决策单元,如各职能团队;各职能团队则进一步将工作细化到更小的单元,如工作小组或单个的技术人员,他们则构成了整个项目的直接执行层面。

由于知识具有的社会属性,使得不同的利益主体拥有自己的知识,并对这些知识行使主权。因此从知识管理的角度讲,各个不同的主体具有平等的地位,都拥有自己的决策层、管理层和执行层。建设项目各参与方之间的知识共享和传递既取决于各方之间的合同利益关系,又取决于信息和知识的传递渠道。在 EPC 模式下,建设项目供应链上各个参与方之间的知识流动如图 4-5 所示。

为实现项目各参与方之间的知识共享,有必要建设集成化的项目管理系统。该系统应当将建设项目的各个阶段联系起来,实现项目各参与方的信息共享。在这个系统中,每个阶段的通信都具有双向性,尽管在两个或更多的阶段间的信息共享可以通过直接沟通来完成,但通过共享信息系统作为中介来完成,无疑更有效、更快捷。

采用建设项目管理信息集成系统,消除了时间和空间给项目各阶段间沟通带来的障碍,确保了项目各阶段间通信的有效性,不仅有利于项目后期阶段运营和维护对项目信息的重复使用,而且为项目决策和设计符合业主的需求提供了保障,可以有效地减少和避免由于项目质量和功能缺陷引起的项目变更。

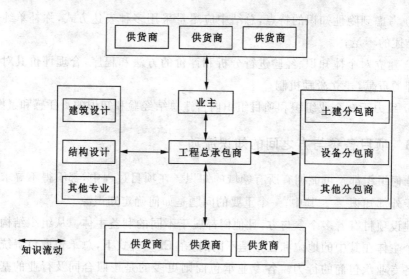

图 4-5　建设项目供应链上各个参与方之间的知识流动

　　建立集成化的项目管理信息系统将改变传统的信息交流方式,如图 4-6 所示。在集成化管理信息系统环境中,信息是集中存储的。利用数据库技术和管理技术对项目信息进行结构化分类和集中管理及集中存储,改变传统工程建设项目中点对点的信息沟通方式,从而为工程建设项目参与各方提供一个高效的信息沟通和协同工作环境[57]。项目各参与方应尽可能掌握与其项目活动有关的知识,更好地为项目目标服务。

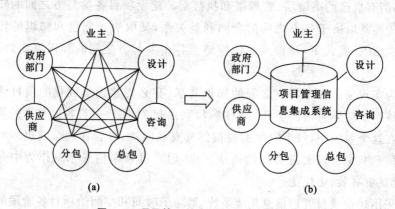

图 4-6　项目管理信息沟通方式的转变

(a) 传统的信息沟通方式;(b) 信息集成下的沟通方式

4.4.4 项目组织内不同层次间的知识流动

从层次的角度,知识管理涉及个体知识之间的共享:个体知识可以集成为项目知识,项目知识又上升为企业知识。个体知识是知识创造的基础,所有的知识起源于个体知识,项目知识是个体知识间相互作用的结果。项目知识包含在其日常的工作流程之中,以及各种工作程序、宗旨和规则等之中。项目组创造知识的能力来源于对已有知识的合成能力,对知识价值的认知能力和运用知识的能力。项目知识将上升为企业知识,融入企业的工作流程,从而为以后的项目活动所用[58](图 4-7)。

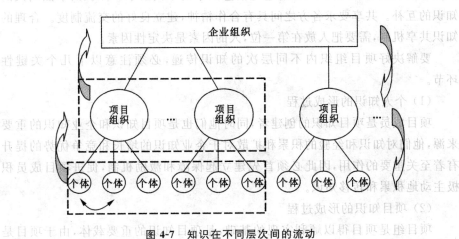

图 4-7 知识在不同层次间的流动

知识服务的对象是人,不同的人在建设项目中所处的层次和功能不一样,这样针对不同的知识服务对象,收集知识的范围、知识的性质以及知识的组织方式和表现风格都有所不同。服务于决策层的知识是融合性的,是下层知识经过一定的有意识的糅和和提取而来的,具有某一主题目的。获取这一层次知识的过程往往是一个知识创新过程。在这一过程中,通过对来自下层次各方面单元知识的认识和意会加上自己的经验判断,转换成一种更高层次、综合性的、带有策略性的知识;服务于管理层的知识是知识传递的中间节点,连接高层和底层,发挥着关键作用,既要领会高层的知识内涵,又要关注下层知识的提升;服务于底层的知识则具体体现在各种技能上,是整个知识管理的基础。

建设项目是一个复杂的开放系统,一般采取分级控制策略,第一层是制订项目计划和编制长期作业计划,主要根据项目需求和经济约束来实施;第三层是进行实际的基层作业,完成实际的项目建设工序;而在中间层,主要是起过渡作用,制订短期计划,包括库存控制、数据处理和资源分配。上述各层的功能分工明确,自主控制。在最低的执行层,要解决现场控制问题;在最高的计划层,则对系统内的资源进行统一调度,使整个系统以最优的方式运行;而在中间工作站层,则要解决局部协调问题。

由于组织在各个层次上的功能和作用不同,知识在各个层次所起作用的大小、表现形式、收集渠道、方法都有所不同。信息和以信息为载体的知识在各个层之间以及同一层水平上传递和共享。

知识本身是不可流动的,其流动依赖于其载体。知识的基本载体是人,知识共享的机制要以人为本,这是它与信息共享的不同要求。知识共享强调人的知识的互补。共享要求各方之间具有合作精神,建立良好的交流制度。合理的知识共享机制,需要把人放在第一位,人的因素是决定性因素。

要解决好项目组织内不同层次的知识传递,必须注意以下几个关键性环节。

(1)个人知识的形成过程

项目成员是项目知识的创建者,同时他们也是项目知识和企业知识的重要来源,他们对知识和经验的积累和扩散对于企业知识的增长和竞争优势的提升有着至关重要的作用,因此必须首先建立起保障和激励机制,促进项目成员积极主动地积累和转移知识。

(2)项目知识的形成过程

项目组是项目得以顺利实现的基础,是项目知识的重要载体,由于项目是由项目组完成的,因此项目组往往扮演着重要的知识中转站的角色,项目知识的积累、吸收、完善和编码等重要工作一般是在项目组内部实现的。

(3)个人知识与项目知识的相互转移

个人所掌握的知识并不一定会成为组织的知识,由于项目的特殊性,项目成员的个人知识只有与其他成员共享,成为项目知识才能够有效地为项目服务,同时也有利于最终转化为企业知识。项目成员之间的知识流动如图 4-8 所示。项目知识也必须为团队成员所掌握,这样才能够使团队成员了解项目的实际情况与需要,从而使整个团队协调一致,提高项目组的工作效率与效果。

(4)项目知识与企业知识的相互转移

项目知识与企业知识的转移是项目知识管理的关键环节之一[59]。研究表明,项目知识无法有效转变为企业知识的最直接原因就在于项目知识与企业知

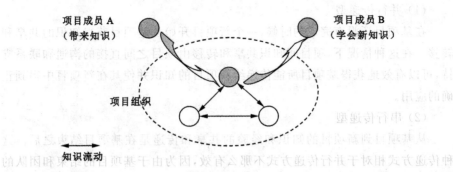

图 4-8   项目成员之间的知识流动

识之间的转移机制不健全,造成项目所形成的知识无法为企业其他成员所共享。同时如果项目组无法及时获得企业知识的补充,那么必然会导致项目的成本超支或工期延误。

4.4.5   项目与项目之间的知识流动

在项目成员及项目组获取有价值的知识并向组织知识库注入新的知识后,企业并不会因此而实现成长,企业还必须将组织知识有效地运用于企业未来的项目中去,只有这样才能够保障企业未来项目的成功,进而促进企业的成长。

项目间知识的传递一般有两种类型:并行传递型和串行传递型,见图 4-9。

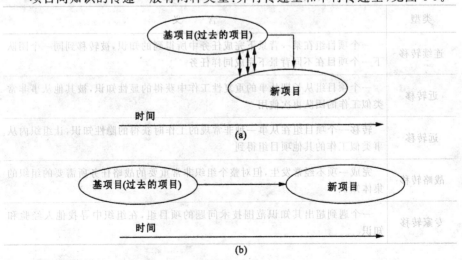

图 4-9   项目间知识传递的两种类型

(a) 并行传递型;(b) 串行传递型

（1）并行传递型

在基项目还没有完成的时候，一个新项目开始从基项目获得知识的共享和转移。在这种情况下，项目间知识共享和转移由项目之间直接的沟通和联系支持，可以有效地获得基项目所能传递给新项目的知识并使其在新项目中得到正确的应用。

（2）串行传递型

从基项目到新项目的知识和经验的共享和传递是在基项目结束之后。这种传递方式相对于并行传递方式不那么有效，因为由于基项目的结束和团队的解散，两个项目间直接的接触、任务分享、共同判断和直接沟通学习不再可能。可供参考的只是基项目可以转化为显性知识，并已经形成项目知识报告的那部分知识。由于项目组的解散，相关人员也许不再是本企业的员工，或者其他原因，即使获知基项目中有新项目所需要的知识，共享性和传递性能力也将大大降低。

Dixon（2000）从组织的观点对知识的转移进行了研究，她认为知识的转移可以分为五种类型。根据要转移的知识是显性知识还是隐性知识，知识发送团队和知识接收团队之间的任务和背景的相似程度，以及要转移的知识所涉及的是整个组织的战略问题，还是局部的个别问题等标准，可分为项目间知识共享的连续转移、近转移、远转移、战略转移和专家转移，其概念如表4-1所示。

表 4-1　五种类型的知识转移机制

类型	含　义
连续转移	一个项目组在某一背景下完成任务中所得到的知识，被转移到同一个团队下一个项目在不同背景下完成同样任务
近转移	一个项目组从长期从事的重复性工作中获得的显性知识，被其他从事非常类似工作的团队再次使用
远转移	转移一个项目组在从事一种非常规的工作时获得的隐性知识，让组织内从事类似工作的其他项目组得到
战略转移	完成一项不经常发生，但对整个组织非常重要的战略任务所需要的组织的集体知识
专家转移	一个遇到超出其知识范围技术问题的项目组，在组织中寻找他人经验和知识

4.5　本章小结

　　(1) 剖析了项目知识管理与企业成长之间的作用关系;通过有效的知识管理,将项目成员个人以及项目组所获得的知识有效地转化为企业知识,从而形成企业能力。以企业能力为基础,进一步支撑企业其他的一系列项目,推动企业的成长。同时,企业的成长又可以不断提升企业能力。从而形成以知识管理为核心的项目知识、企业知识、企业能力与企业成长之间的良性循环。

　　(2) 论述了项目阶段知识的特点,分析了项目知识管理的障碍,包括:项目目标导向的限制、时间和资源的限制、缺乏分享知识的文化氛围、临时性组织的限制以及缺乏制度保障。

　　(3) 从不同的角度对建筑企业的知识构成进行了分类。按知识范畴分类,分为领域知识、组织内知识、组织间知识和项目知识;按知识实践来源分类,分为最佳实践知识、事故知识、其他知识;按知识载体的层次分类,分为个体知识、项目知识以及企业知识;按知识的性质分类,分为显性知识和隐性知识。

　　(4) 详细阐述了建设项目活动中各种知识的流动,包括项目阶段间的知识流动、项目各参与方之间的知识流动、项目组织内不同层次间的知识流动、项目与项目之间的知识流动。

5　建设项目知识管理方法研究

建设项目知识管理是建筑企业成长的根源。有效的项目知识管理方法的实施,可以推动项目知识向企业知识的转化,使建筑企业的项目知识管理能力得到逐步提高,从而提高企业知识对项目的支撑,促进项目的成功。同时项目的成功也推动了企业的成长。

本章在分析建设项目知识管理机理的基础上,对建设项目知识管理方法进行进一步的研究和探讨。

5.1　将知识管理纳入企业发展战略

建筑企业是面向项目的企业,项目是其利润的载体。建筑企业必须将项目管理与企业战略管理结合起来,强调单个项目目标与组织目标的一致性。项目管理的目标是按照组织目标合理安排自有资源在各个项目中的分配,实现组织利益最大化。

5.1.1　项目战略管理

传统项目管理简言之就是"对某个项目进行管理",追求的目标是"项目的成功"。根据美国项目管理委员会(PMI)对项目管理的定义,项目管理就是把各种知识、技能、手段和技术应用于项目活动之中,以达到项目的要求。项目管理是通过应用和综合诸如启动、计划、实施、监视与控制等项目管理过程进行的。时间、成本和质量被看作是项目管理目标的"铁三角"。

现代项目管理融合了战略管理、资源管理与传统项目管理的内容。追求的目标是"成功的项目",强调单个项目目标与组织目标的一致性。项目管理的目标是如何按照组织目标合理安排自有资源在各个项目中的分配,实现组织利益最大化。

　　因为现代项目管理与传统项目管理相比在范围和内容上都产生了巨大的变化,所以现代项目管理的项目价值与传统项目管理的项目价值也就产生了根本的不同。这种不同主要体现在:

　　(1) 价值的出发点不同。传统项目管理是以"单个项目"为管理对象的,而现代项目管理所考虑的问题范围不再是仅局限于一个项目(或一个大型项目),而是需要考虑所有项目如何服从整个组织的目标,即现代项目管理是为了实现整个组织的目标所开展的持续的管理活动。

　　(2) 价值的研究对象不同。传统项目管理是基于项目层次的管理,注重的是在限定的时间、成本之内提交给客户符合质量要求的项目成果,价值研究的对象是时间、成本和质量;而现代项目管理是基于组织层次的管理,其主要研究对象是战略、资源以及协调(图 5-1)。

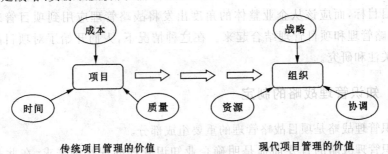

传统项目管理的价值　　　　　　　　　　现代项目管理的价值

图 5-1　项目管理理念的转变

　　战略管理和项目管理已经成为企业应对复杂变化的外部经营环境的主要手段和有效方法,但是由于企业战略管理的实施困难、企业资源的有限以及项目管理的局限性导致企业往往迷失在众多的项目之中。

　　从企业战略管理角度看:随着项目逐渐成为企业发展的动力和源泉,企业的战略目标也逐渐依赖于企业的一个一个不同的项目的成功实施来实现,项目成为实现企业战略目标的载体。但是,在面临众多项目的情况下,企业的整体战略目标如何体现在企业的众多项目上,如何保证项目成功实施的同时企业的整体战略目标也能够得以实现,这些问题是传统的战略管理和项目管理理论难以解决的。

　　从项目管理角度来看:传统项目管理一直停留在一种孤立的、隔离的管理方式上,对"单个项目"进行管理的项目管理方法所关注的重点是该"单个项目"自身目标的实现,既无法保证在项目水平上彼此间的有机联系,更无法保证项目与企业的整体战略目标相关联。因而在同一组织背景下开展多个项目的时候,各个"单个项目"都追求自身目标的实现,结果可能是部分"单个项目"的目标虽然实现了,而整个组织的战略目标却未能实现;甚至连"单个项目"的自身目标都由于各个项目间的相互牵制而无法实现。

　　企业面临的项目越来越多,如何确保这些项目与企业战略目标一致并能有效地实现企业战略? 企业在面临众多项目而资源有限的情况下,如何有效地利用有限的资源组织好、管理好多个项目? 这些问题使人们逐渐意识到在企业面临多个项目的情况下,战略与项目之间存在着巨大缺口,项目与战略必须结合起来,从战略层建立项目的目标。否则企业有限的资源将无法达到有效配置和最优配置,而企业也将面临淘汰出局的可能。众多企业也最终认识到战略管理和项目管理两者之间的关系以及它们的重要性,认为应从单纯强调战略制定转为制定和实施并重;项目管理也不应孤立地进行若干个独立项目的管理,单独设计项目目标,而应该从企业整体的角度出发将战略管理应用到项目管理中去,将战略管理和项目管理结合起来。在这种情况下,人们开始了对项目战略管理的关注和研究。

5.1.2　知识管理战略的制定

　　知识管理战略是项目战略管理的重要组成部分。

　　知识管理战略的首要前提是明确企业知识管理的现状和需求,在此基础上,才能制定出有针对性的知识管理导入战略,包括确立合适的知识愿景、选择恰当的先导试点及相应的知识管理模式等[60]。知识管理战略制定过程如图 5-2所示。

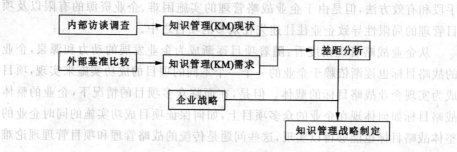

图 5-2　知识管理战略制定过程

　　内部访谈调查的目的在于了解组织的知识管理现状,主要方法是进行知识管理现状问卷调查和人员访谈,并收集组织内部有关知识管理现状的资料。外部基准比较则面向行业基准,找出组织知识管理的优势和弱点,为未来的发展提供参考依据。通过企业内外情况的调查,确定知识管理的标杆,寻找企业知识管理现状与标杆之间的差距,并结合企业的发展战略确定知识管理须解决的问题。

知识管理存在的目的并不是知识管理本身,而是为了有利于企业整体战略目标的贯彻和实现。因此,如何将知识管理融入企业战略之中是知识管理必须考虑的问题。要全面地思考这个问题,应该从三个角度展开:

(1) 明确知识管理是如何融入企业业务并为其服务的,要建立起基于知识的企业业务模型;

(2) 重新思考传统的战略思维模式,塑造一种面向知识的新的战略范式;

(3) 知识管理应能够创造业务价值,找出知识管理创造价值的核心杠杆点,将能更充分、有效地发挥知识管理的作用。

5.2　知识管理组织机构的完善

知识管理需要独立的部门和专业人员实施,而不是"每个人都是知识管理者,无须设立独立部门"的观点所能解释和应对的。应该有专门工作者和专业管理人员从各种知识拥有者那里挖掘和收集知识,并将其编辑、整理,促进知识网络形成、建立管理知识的基础设施,促使知识管理战略向着成功的方向实施。

5.2.1　知识管理的组织保障

企业任何一项管理活动的实施必须有一个清晰明确的纲领性文件来指导,一定的组织机构和人力资源来保障,同时必须赋予该项管理活动的执行人一定的权限。

设置专职或兼职的知识管理机构可以为组织实施该项管理活动提供可靠的人力资源保证。知识管理机构的主要职能包括知识仓库的建立和维护、企业知识门户的建立和维护等。

知识管理组织机构主要包括承担宏观控制职能的首席知识官(CKO)、承担中层指导职能的知识管理项目经理(KMPM)和承担微观操作职能的知识工程师(KE)。知识主管的级别高低和权力大小反映了组织对知识管理的重视程度,以及知识管理部门在企业内部进行各项工作的便利性和权威性。

5.2.2　首席知识官(CKO)的职位与地位

随着知识经济的兴起和发展,企业的管理方式正从工业社会的生产管理向知识经济时代的创新管理和知识管理转变,也就是说知识经济时代的企业再不是过去那种单纯依靠金融资本或自然资源来表明本企业与其他企业的不同,而是通过知识获取竞争优势。从企业界看,进行企业决策,对各种知识进行管理的企业高级职位已经应运而生,如首席执行官(Chief Executive Officer,CEO)、首席经营官(Chief Operations Officer,COO)、首席财务官(Chief Financial Officer,CFO)、首席信息官(Chief Information Officer,CIO)、首席知识官(Chief Knowledge Officer,CKO)等。

某些企业把知识管理视为信息管理的延伸,因而 CKO 便是 CIO 的简单延伸,从而认为把 CIO 改为 CKO,就完成了知识管理机构的设置,就以为是进行了知识管理。这是错误的理解,这样做的结果就是不知不觉中把工作的重点放在技术和信息开发上而不是知识创新和集体的创造力上。实际上,知识管理≠信息管理,CKO≠CIO。

(1) CKO 与 CIO 地位不同

CKO 是近年来随着知识管理的发展而在企业内部出现的一个新的高级职位。CKO 的地位居于 CEO 和 CIO 之间,它对于商业运作过程的作用,就如同 CIO 对于技术开发的作用。CKO 既是知识管理的重要参与者,又是知识管理活动的重要组织者。

(2) 管理的对象不同

CIO 是进行技术开发工作和对信息资源管理的高级技术人员和管理人员,其职责就是从战略规划和决策的层面对信息资源进行集中、统一管理,包括负责开发组织的信息技术、健全组织信息系统、管理信息人员、实现组织内部的信息共享、沟通最高决策者与信息部门之间的联系等,从而发挥出信息的最大经济效益。总之,CIO 管理的对象是信息,CIO 要围绕信息技术的开发、应用、创新展开各项工作。

而 CKO 是指在政府、公司或企业中设立的专门对知识进行管理的行政官员。设立 CKO 的目的正是要管理知识而不是信息。信息是知识的基础,是知识的材料来源;知识是信息积累和发展的结果,又是对信息进行识别、分析、加工处理的条件。

（3）管理知识的侧重点和重心不同

CIO 侧重对显性知识（Explicit Knowledge）的管理，它是在个体间以一种系统方法传达规范的和经过信息编码的知识，易于整理、储存和交流，如具体的项目开发、技术实现等。而 CKO 则侧重对隐性知识（Tacit Knowledge）进行管理。显性知识即那些能够以文字、数字表述，并通过公式、文字的说明或通用原理等方式便利地进行交流的知识；隐性知识即那些不能通过文字、公式表达，而要靠个人经验取得，通常只保存在个人或小团队头脑中的、不便直观交流的知识，包含感觉、体验、形象、信念、思想、观点、价值观等内容。

（4）管理职能不同

CIO 有着特定的职能，其中信息资源管理是其基本任务，此外要指导、监督各部门信息技术事务的执行，并向机构负责人提出意见与建议。具体负责企业信息技术系统的管理，为企业决策提供所需的相关信息，并为企业业务顺利开展搭设高效平台，目前的电子商务管理正是 CIO 的主要职责。概括地说就是对信息技术决策、信息技术实施和信息技术功能的管理。它所涉及的范围较窄，还不能达到知识管理的方方面面。企业作为一个具体的组织，其核心能力和竞争优势同样也将受到信息技术的影响。

在企业中，动态管理如智力资本管理、组织性学习、信息管理都与知识管理有关。CKO 是一种高级的知识执行长官，具体包括以下四方面的职能：

① 知识创新。运用自身的专业知识，将各部门所提供的有用信息进行整合，转化为创新的知识，为企业决策提供依据。

② 创立企业新型文化。文化是企业的精神，渗透于企业的所有业务中，影响到每一个雇员；文化是企业团结员工的黏合剂。专业组织中的高层次的雇员都习惯于抽象思维，具有创造倾向，他们懂得企业文化，并且乐于在企业文化引导下发挥自己的才干。

③ 加强知识组织。通过知识管理组织机构的设计、适度和正确的授权等活动，建立适应本企业知识管理活动的专门组织架构。

④ 发挥人的作用。包括人员补充方略（招聘思想）、人力开发（人才培养和开发）、激励员工（个人激励）、对于人员流失（员工离职）情况的应变及对接班人的培养。

5.2.3　知识管理项目经理（KMPM）的能力要求

从知识管理的实际需要出发，一般认为 KMPM 应具备以下三方面的能力：

（1）在知识管理业务方面

KMPM 应该具备激励来自多个部门的员工合作进行知识管理和组织机构改革的能力；对信息技术战略有高水平和切合实际的理解能力和管理能力；熟练使用通信技术的能力，以及过硬的信息技术知识与能力（包括信息的输入、组织、输出和利用等方面）；设计并运行各种跨部门和跨技术平台的计划的能力；知识活动实践能力（包括方案设计能力）；对知识的获取、转移、创新、共享和利用的流程设计和管理能力；团队协作与管理能力；应变与项目管理能力；建立战略联盟和伙伴关系以达到双赢结果的能力；以及广博的相关业务知识。

（2）在影响组织领导层方面

KMPM 应该具备企业家的见识与能力，这样才能对组织发展进行远景规划；向整个组织，尤其是向公司领导层传播新观念的能力；有效地解释、促进和鼓励对知识管理的跨组织参与，争取建立基于现代技术的组织系统所需的各种有形和无形资源的能力；计划、开发和促进面向用户的产品能力，包括目标设定能力、财务知识及对公司内微妙的利益与人际关系的理解能力。

（3）在影响组织其他成员方面

KMPM 应该具备对组织其他成员的领导能力及不受陈规束缚领导创新活动的能力；鼓励组织成员集体创造新知识、共享知识资源并准备承担相应的风险，支持通过有风险的实验项目进行学习的能力；创建一种当知识库扩展和改变时组织和员工能忍受其不确定性的环境的能力；表达和说服能力，即通过有效的表达形式，说服组织成员支持组织实施知识管理的具体策略能力；交流与培训能力，即通过与组织成员的交流和对组织成员的培训，实现知识共享的能力。

通过上述对 KMPM 应该具备的能力的分析，可以归纳出评价 KMPM 能力的主要因素，并建立相应的评价指标体系，如表 5-1 所示。

通常，在评价知识管理者能力时要同时考虑三个方面的因素，但是每个方面所涉及的具体因素（即评价指标）应根据所评价的对象的具体情况不同而有所舍取。因此，评价组织者可以根据具体的情况（即中国国情、行业或企业的情况等）和需要以及自己的观点对表 5-1 中评价指标做适当的修改。

表 5-1　关于 KMPM 能力的评价指标体系

因素	因素的分解
知识管理业务能力	(1.1)组织设计与发展能力 (1.2)IT 战略管理能力 (1.3)知识流程设计与管理能力 (1.4)促进知识管理与组织内其他业务相结合能力 (1.5)团队工作能力 (1.6)应变与项目管理能力
影响组织领导层能力	(2.1)远景规划能力 (2.2)组织业务透析能力 (2.3)财务计划与管理能力
影响组织其他成员能力	(3.1)领导能力 (3.2)创新能力 (3.3)表达和说服能力 (3.4)风险管理能力 (3.5)交流和培训能力

5.3　知识共享氛围的培养

　　随着知识经济的兴起,知识管理在现代企业运营中发挥着越来越重要的作用。作为知识管理的一个非常重要的方面,知识共享直接制约着组织内部知识的交流和创新,更关系到建筑企业知识管理的实施效果。知识共享是指一个组织内部的信息和知识应当尽可能公开,使组织内每个成员都能更有效地接触和使用组织的信息和知识。知识共享可以使组织中的个人或小组的知识转变为组织整体的知识,从而为组织知识的更新和创新提供源泉和基础,利于企业保持竞争优势。

　　从知识属性来看,建筑企业的知识主要有两种:显性知识和隐性知识。建筑企业的显性知识既包括其拥有的以建筑理论、特殊工程技术等形式存在的知识,也包括企业的文化内涵、规章制度、项目管理基础知识等。

　　建筑企业的隐性知识主要指各种实践经验知识和员工的创造性的知识,以及在实践中积累的客户知识、相互合作伙伴知识、供应商知识等。与显性知识相比,隐性知识大多存在于企业员工的头脑中,难于共享和交流。

5.3.1　知识共享的必要性和障碍

（1）知识共享的必要性

建筑企业为完成建设项目的建设，往往采用成立组建项目组的方式。项目成员和团队在项目实施过程中通常会获得一定的专业技能、技巧，工作经验，解决问题的方式、方法等，换言之，他们会取得一定的隐性知识和最佳实践经验（Best Practice）。这些隐性知识和最佳实践经验对于建筑企业今后承担类似项目将具有巨大的价值。

但是，为保证项目顺利进行而成立的项目组在项目完工后将解散，并且很少进行事后总结，更谈不上对项目实施过程中取得的经验教训进行传播扩散。这将直接导致项目实施寿命周期中团队成员所获得的隐性知识的流失。因此，为了提高建筑企业对建设项目的管理能力和运作效率，进而提高企业自身的经济效益和竞争能力，企业有必要加强组织内部的知识共享。即对于个人和团队在项目实施过程中获得的隐性知识和最佳实践经验，应鼓励在企业内部进行共享、传播。

（2）知识共享的障碍

目前我国建筑企业的知识共享存在着一定的障碍，除了隐性的实践经验知识本身不易交流与共享之外，主要的障碍还表现在以下几方面：

① 员工知识基础的差异性。建筑企业员工的专业领域和知识结构存在很大差异，这给企业员工的知识交流沟通和企业的知识共享带来了极大的难度。即使知识拥有者愿意花费很大时间精力向知识接受者传播知识，也很可能由于后者很难理解或存在理解上的偏差，而影响知识拥有者将其知识进行传播共享的积极性。

② 员工存在知识垄断的心理。激烈的竞争使员工之间缺乏相互信任，知识拥有者出于对个人声望、权利与经济利益等方面的考虑不愿共享知识，员工缺乏知识共享的动力。

③ 企业的组织结构不合理。传统建筑企业的组织结构大多是金字塔式的层级管理结构，管理层次多，信息传递速度缓慢。员工之间很难实现面对面的互动式交流，极大地阻碍了知识共享的有效实现。

④ 企业的物质技术基础薄弱。许多建筑企业缺乏有效的计算机网络和信息系统，极大地限制了员工之间的相互交流和沟通，增加了组织知识共享的难度。虽然信息技术并不是知识管理系统，但它却是促进知识共享的强有力的工具。

⑤ 缺乏有效的知识交接流程。建筑企业虽然已经认识到知识共享的重要性,但在企业的业务流程方面,尤其是攸关企业生死存亡的项目管理流程方面,尚未建立起有利于知识共享的隐性知识交接的流程。

⑥ 缺乏有效的激励机制。个人作为知识的基本载体,其拥有的知识量同样是其自身具有的核心竞争力。出于对自己的保护,企业成员在很大程度上不情愿将知识与人分享。

5.3.2 促进知识共享的对策

已有的研究文献提出了一些能够比较有效地解决知识共享障碍的对策,如建立有利于知识共享的企业文化和制度环境,建立有效的激励制度等,有助于培养员工之间的信任感,消除员工知识垄断的心理;对企业的管理机构和组织体制进行改革和创新,建立扁平化、柔性化、网络化的学习型组织等,以改进企业组织结构的不合理,促进信息和知识的有效传递和交流;在计算机信息技术方面提供进一步的支持,逐步建立企业内部的知识仓库和知识地图册等,则有助于提高员工的知识基础和改善企业的物质技术基础。

为了促进建筑企业内部的知识共享,推进企业的知识更新和创新,本书认为建筑企业非常有必要将项目实施流程与知识管理相结合,并在建设项目完工后进行全面深入的事后总结(After Action Review),促进最佳实践的传播;注重员工学习动机的培养;以及适当推广内部知识市场概念。

(1) 全面深入的事后总结

美国陆军把事后总结定义为对一个事件的专业化讨论,它集成了学习和行动来共同分析各个层次的决策,而且它关注绩效标准,这使得参加者能够发现事件过程中发生了什么,为什么发生,以及如何发挥其长处和避免缺陷,这样将有利于发现并记录其中的信息和隐性知识,并通过在一个非等级的环境下对团队成员的询问,实现了团队的学习。

建设项目的成功实施与项目的质量、进度、成本这三大目标密切相关,建筑企业在项目建造过程中非常重视其质量控制、进度控制和成本控制。因此,建筑企业在推行知识管理、促进知识共享过程中,也应加强与三大控制有关的知识共享流程管理。

鉴于建设工程项目具有生命周期,并且项目成员通常是为满足项目所需临时设立的,项目结束后团队通常即告解散。为了避免项目实施生命周期中团队成员所获得的隐性知识流失,项目结束后应进行事后总结。通过回答项目实施过程中发生了什么、为什么发生、采取了哪些措施、结果如何等问题,发现并记录个人和团队获得的隐性知识,在团队内部分享,并向外扩散。建筑企业在每次项目结束时进行事后总结,将总结的知识经验记录下来,形成显性知识,一方面可用于自身技能的提升,另一方面在类似项目实施过程中,可以有效地避免相同错误的发生,从而提高企业资源的利用效率。

建设项目实施的成败直接关系到建筑企业的兴衰。现代建设项目正在朝着大型化、规模化、现代化的方向发展,项目的复杂程度较之以往呈指数级倍增。建筑企业在推行知识管理过程中,只有通过加强项目成员的隐性知识和最佳实践的传播,加强项目完工后的事后总结,做好企业内部的知识共享,才能为建设项目的成功实施奠定良好的基础,企业才能在日益激烈的市场竞争中发展。

(2) 培育员工的学习动机

个体层次的知识,可以看作是一种认知结构。个体的认知结构是长期学习(Learning)以及摒弃(Unlearning)的结果。按照 Lewin(1952)的理论,当个体现有的知识状态与需要的知识状态之间出现差距时,就会产生学习的行为。差距越大,学习的动力就越强。通过新知识的学习以及旧知识的放弃,个体的知识状态发生变化,使这种差距得以缩小。

知识、学习、摒弃的这种因果关系可以用系统动力学的因果环(Causal Loop)表示,如图 5-3 所示。

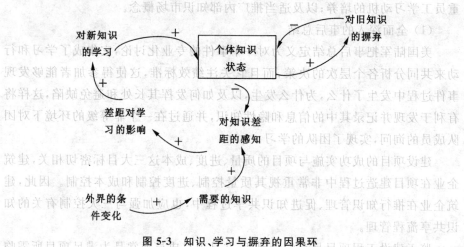

图 5-3　知识、学习与摒弃的因果环

为了表现一个组织对共享知识的承诺,它必须营造知识共享的时空环境,培养员工建设共享知识基础的意愿,也许这是最难以克服的障碍。当前的表现和奖励体系是个人成就的一个反映,同时,应把个人贡献或者参加过的正式合作列入考虑范围。必须创造激励机制与衡量表现的尺度,使那些促成和使用共享知识基础的个人受益,例如,让那些在知识共享方面脱颖而出的员工在公共论坛、E-mail 中得到承认,让员工相信与他人分享他们最大的个人资产将会为个人乃至整个企业带来好处。通过有效的共享,所扩散的知识就会传播到需要这些知识或信息的人手中。必须使员工了解到他们事业的成功和进步都将建立在其个人的知识管理能力之上;还必须看到,个人知识管理能力对事业进步的重要性,是与持续教育、沟通技巧和均衡管理不相上下的。

知识由人来体现。只有考虑到人们共同工作的方式、共同学习的方法以及个体和集体的知识发展方式,才可能形成良性的循环机制。凡是认真对待知识的公司,都会积极创造一种有助于不断学习和共享的环境及文化氛围。

(3) 适当推广内部知识市场观念

内部知识市场观念的主要着眼点是关于组织中的群体与个人相互作用而创造或交换知识(Nakata 和 Takeuchi,1995;Tsoukas,1996;O'Dell 和 Grayson,1998)。如 Davenport 和 Prusak(1998)所说的,虽然内部知识市场在所有组织中运行,却不一定有良好的效果。一个知识市场将"买者"和"卖者"的思想结合起来,并像其他市场一样运作,即买者和卖者通过协商达成双方都满意的价格。一个良性的市场必须是能促使组织产生、整理、协调和传递知识。市场的概念,像社会资本理论一样,强调把社会相互作用作为知识管理能力基础的重要性。表 5-2 为主要的知识市场研究列举。

表 5-2　主要内部知识市场研究

作者	理论	企业角色	组织结果
Davenport 和 Prusak(1998)	知识市场	知识市场的有效管理	更丰富的知识储备
Johannessen 等 (1999)	知识发展举措	组织成员间的交流	竞争优势
Nakata 和 Takeuchi(1995)	知识创新	为知识管理创造环境	知识的创新
O'Dell 和 Grayson(1998)	内在网络	鼓励并促进转换	增加新产品生产的途径及销售力度
Tsoukas(1996)	个体间的协调从而创造系统知识	为知识管理创造环境	知识的创新

企业内部知识市场存在三种动力模式:需求拉动式、供给推动式和复合涌动式。

① 需求拉动式是企业组织根据企业发展的需要和市场的需要,向知识员工或知识团队提供科研经费,提出要求和标准,取得成果后,直接交付给企业。

② 供给推动式是企业的知识员工或研发部门自主创新,生产出新知识(技术),并主动拿出来,与其他知识员工或企业组织进行交易,换取回报,推动市场的运行。

③ 复合涌动式是需求拉动和供给推动共同存在,形成涌动力量,推动知识交易进行的市场模式。

企业内部知识的交易(其表现是知识的交流)是现实的,也是无处不在的。知识的交易一般有两种模式:自发式和管理式。

① 自发式是企业职工因个人关系或工作关系,在个体之间自发地实现知识的转移,进行知识交易的过程。这种交易方式一般是以互惠、信任、名望和友情等非物质的方式支付报酬。

② 管理式是在组织的激励和干预下,促使知识在不同的个体之间转移,实现知识交易的过程。这种交易由组织提供的物质奖励和精神奖励作为支付给知识卖方的报酬。

5.4 建设项目知识管理系统的建立

狭义地讲,知识管理系统(Knowledge Management System,KMS)就是实现知识管理的计算机信息管理系统,是一个具有知识管理能力和协同工作能力的软件系统,是一种集管理方法、知识处理、智能决策和组织战略发展规划于一身的综合系统,是知识管理的实施平台。一般情况下,KMS 由知识中心、知识提供与采集系统、知识检索与挖掘系统、决策支持系统、分布式知识仓库系统和系统管理等几个部分组成。

5.4.1 知识管理系统(KMS)的开发原则

把知识流、资金流、信息流与物流放在同样的高度、同样的技术平台进行融合,有利于知识经济环境下企业的发展。在实践中,系统开发应遵守以下原则:

(1)系统开发应坚持通用性和可靠性并重的原则

系统应采用功能较全、性能稳定、通用性好的设备。有些新的技术虽然代表着未来的发展方向,但技术尚无标准可循,如果为了满足未来的需求而盲目追求超前、高新技术,有可能造成将来的系统不符合通用性标准,为系统的扩展、互联造成麻烦。所以应选择目前技术上已成熟、实现了标准化、可靠性好的产品。

(2) 系统开发应坚持可扩展性原则

系统开发时考虑到系统今后的升级和扩展功能,要有较好的互换性和兼容性。采用模块化的设计方法,使系统在今后必要的时候,只要增加少量的硬件就可实现升级或扩充新的功能。随着用户的增加,网络应能方便地扩充。应用系统的每一个子系统既可单独运行,又能关联使用,能对随时加入的新功能进行一致性系统管理。

(3) 系统开发应坚持安全性原则

知识资源是一个企业重要的资源之一。操作系统应使知识信息在一定条件下、一定范围内共享,采用较高的安全级别。建立系统管理制度,采取严格的措施,对系统运行情况有详细的记录。采取资料备份、存取权限控制等措施,加强对企业知识资源的保护。

(4) 系统开发应坚持先进性与经济性相统一原则

系统的开发在注重先进性的同时,应充分考虑投资收益。在充分论证、评价的基础上进行系统开发,以保证投资不浪费,节约投资成本,应保证系统既有一定的前瞻性,又有经济合理性。

5.4.2　基于供应链的知识管理系统(KMS)应具备的功能

Grant 认为,组织的知识集成能力体现在三方面,即知识集成的范围、知识集成的柔性以及知识集成的效率。集成的范围,包括知识内容的范围和知识来源的范围;集成的柔性,方便知识不断地得到补充和更新,因而知识集成系统的柔性是知识集成成败的重要指标;集成的效率,知识管理的目的可概括为创造知识并利用知识,在知识集成系统中,知识应该能够便捷地到达知识的使用者。

基于供应链的知识管理系统应具备的功能包括:

(1) 知识的共享功能

知识的共享功能有两方面的含义:一是知识在企业技术人员之间的共享,克服过分倚重个体人才资源现象,实现知识资源企业化,保证企业知识资源的完整性。知识资源的载体只能是企业而非个人,确保企业技术人才流动而知识不流失。二是实现知识资源在整个供应链上的共享。将知识流融入供应链的资金流、信息流与物流中,克服知识信息沟通障碍,提高供应链整体运转效率。

（2）知识的快速检索功能

知识管理系统应建立一个知识仓库,为知识的存储与共享提供一个有序的场所。操作者通过知识仓库的入口,可以将各自的知识分门别类地存储到知识仓库中,供其他人员学习与共享。知识仓库应具备对知识进行分类、排序、提取的功能,为技术人员全面了解知识提供更加智能化的快速检索服务,实现知识在更加广泛范围内的共享。

（3）知识的整合功能

知识管理系统的知识整合功能是将整个供应链上的知识资源进行整合,使各个企业的知识资源最大限度地转化为知识资本并实现知识的增值。输入系统的知识应进行适当的分类、编码,以便于系统对知识的整合。

（4）知识的动态、创新功能

知识仓库要及时整理和更新,将冗余、过时、老化的知识及时清理出去,不断地将新的、有价值的知识吸收进来,从而提高知识的有效利用率。

（5）方便、舒适的人机交互功能

充分利用现代信息技术,设计出方便、舒适的人机交互界面,便于应用人员知识管理系统的使用。在多媒体系统环境中,人机交互界面的设计应有利于人与计算机最大效能的发挥,满足易于使用、灵活、多媒体最佳组合的特性。

5.4.3　基于供应链的知识管理系统(KMS)的结构

基于供应链的知识管理系统将知识流融入供应链上各决策主体的业务流程中,其结构体系应具有下面的特点。

（1）计算机信息网络系统是 KMS 的技术平台

随着 Internet/Intranet 技术的兴起,基于浏览器/服务器模式(B/S模式)的各种系统应运而生,并得到了迅速的发展。这些基于 Web 的系统一般采用多层分布式结构,即浏览层、Web 应用服务层和数据库层。B/S 模式提供了一个跨平台的、简单一致的应用环境,便于用户群的扩展、变化及应用系统的管理,大大提高了工作效率。

KMS 的技术平台应选择基于 Web 的应用系统。一方面是由于 Web 应用系统的信息交流是双向的,这样极大地扩展了信息资源开发和利用的深度和广度,能最大限度地满足供应链上各个决策主体对知识管理系统方面的需求;另一方面是由于它的技术已经成熟,应用范围广泛,可以在安全认证机制保证下,进一步和电子商务系统、SCM 系统、ERP 系统以及客户关系管理系统等实现对接,形成企业信息管理的有机整体。

(2) 三层体系结构

基于供应链的知识管理系统结构框架在 Internet/Intranet/Extranet 环境下,基于 Web 的 KMS 具有三层体系结构:第一层,客户浏览器。第二层,Web 服务器,它提供来自使用者的请求服务并与第三层的数据库服务器进行数据通信。服务器和客户浏览器之间设有防火墙。第三层,数据库服务器,包括数据库、知识库、规则库等。

知识仓库为知识的存储与共享提供了一个有序的场所。供应链上的成员通过知识仓库的入口,将各自的知识分门别类地存储到知识仓库中,供其他人员学习与共享。知识仓库具备对知识进行分类、排序、提取的功能,方便供应链上的成员全面了解各种知识,提供更加智能化的快速检索服务,实现知识(包括显性知识和隐性知识)在更加广泛范围内的共享。

(3) 两个层面的知识整合

KMS 的知识整合功能包括两个层面的工作:一是供应链上每个决策主体内部知识的整合与共享;二是供应链上各决策主体之间知识的整合与共享。通过 KMS 的知识整合功能,使供应链上的知识资源最大限度地转化为知识资本并实现知识的增值,为供应链上各节点的决策者提供知识服务。

5.5　知识管理能力评价体系的构建

对于建筑企业来说,知识管理并不是一个全新的名词。但是现在缺乏的是如何利用知识帮助企业获得竞争优势的具体方法,尤其是对企业知识管理能力的评价方法。因此,有必要建立一套完整的知识管理评价指标体系,对知识管理能力进行定量分析,从而更加科学合理地描述企业知识管理的状态,明确改进的方向[61]。

5.5.1　知识管理能力评价指标的选择依据

指标是用来衡量组织绩效的标准,因此指标体系本身必须体现对组织管理的综合要求。指标体系是组织用于衡量其管理绩效的手段组合,不同指标在信息中扮演的角色是不同的,指标的选择又在一定程度上影响了组织绩效评价的效果或有效性。所以组织一开始就应注重对指标的选取。一般地说,所用的指标必须具备如下一些功效[62]。

(1)客观性　尽可能使用公开、公正的手段获得数据和信息,以如实、准确、完整地反映绩效的好坏、优劣。尽量避免采用非正式渠道获得的二手数据。

(2)可比性　应尽可能使用统一的、量化的统计手段评价绩效,并适当参考同行业的评价指标体系用以确定指标的权重。这样可以比较实际发生效果与预期效果,得到计划执行的偏离度。

(3)时效性　不同指标反映的绩效的时间跨度是有区别的。有目的地使用分别反映长期目标、短期目标实现程度的指标,可正确反映管理水平。

(4)易操作性　设定的指标应是简明的、可测的(过程清晰易推算),因为繁重的推算任务会降低数据的有效利用,造成信息反馈的时滞。

(5)综合性　多途径、多方面地了解情况,选用全面的信息数据,从而更注重从全方面、多重角度进行绩效评价。

5.5.2　知识管理能力评价指标体系的设计思路

指标体系的建立主要是指标选取及指标之间结构关系的确定。这是一个非常复杂的过程,应该采用定性分析和定量研究相结合的方法。定性分析主要是从评价的目的和原则出发,考虑评价指标的充分性、可行性、稳定性、必要性等因素。定量研究则是通过一系列检验,使指标体系更加科学和合理的过程。因此,指标体系的构建过程可以分为两个阶段,即指标的初选过程和指标的完善过程。

指标体系的初选方法有综合法和分析法两类。综合法是指对已存在的一些指标按一定的标准进行聚类,使之体系化的一种构造指标体系的方法。分析法是指将度量对象和度量目标划分成若干部分、侧面(即子系统),并逐步细分(即形成各级子系统及功能模块),直到每一部分和侧面都可以用具体的统计指标来描述、实现。

科学的指标体系是获得正确的统计分析结论的前提条件。而初选后的指标体系未必是科学的,因此必须对初选的指标体系进行科学性测验。指标体系的测验包括两个方面的内容:单体测验和整体测验。单体测验是指测验每个指标的可行性和正确性。可行性是指指标的数值能否获得,那些无法或很难取得准确资料的指标,或者即使能取得但费用很高的指标,都是不可行的。正确性是指指标的计算方法、计算范围及计算内容应该正确。

5.5.3 知识管理能力评价指标体系的构成

通过以上章节的论述,本书提出:建筑企业的项目知识管理能力取决于两方面,一是知识过程能力,另一个是基础设施。

(1) 知识管理能力评价一级指标的确定

根据本书提出的知识管理能力构成,同时广泛参考了专家意见及大量研究文献的成果,构建了知识管理绩效评价指标体系。该指标体系由技术、组织、文化、知识获取、知识共享、知识运用六个一级指标组成,如图 5-4 所示。

图 5-4　知识管理能力评价一级指标

(2) 知识管理能力评价二级指标的确定

① 知识过程能力二级评价指标

知识过程能力,包括知识获取能力、知识共享能力、知识运用能力。

知识获取能力,主要指对已有知识收集、分类和存储的能力;知识共享能力,即已有知识的传播,是项目组集成、组织、协调和分配知识的能力;知识运用能力,是对知识的实际运用,得到知识产出的能力。

表 5-3～表 5-5 分别给出了描述知识过程能力的二级评价指标。

表 5-3　知识获取能力评价指标

序号	指标描述
1	获取顾客知识的能力
2	获取供货方知识的能力
3	从已有知识创造新知识的能力
4	获取本行业领域新产品的知识的能力
5	获取本行业竞争者的知识的能力
6	能进行项目组个体之间的知识交流

表 5-4　知识共享能力评价指标

序号	指标描述
1	将知识在整个项目组织内分配的能力
2	对知识过滤的能力
3	将个体知识吸收为组织知识的能力
4	将组织知识传递给个体知识的能力
5	整合不同类型和不同来源知识的能力
6	及时适当地替换过时知识的能力

表 5-5　知识运用能力评价指标

序号	指标描述
1	能将经验、教训中获得的知识进行运用
2	解决新问题时注重知识的运用
3	能找到恰当的知识源并加以利用
4	能通过运用知识提高管理效率
5	能将知识快捷、准确地送达需要的人和地点的便捷程度
6	认识到新知识得以运用的优势

② 基础设施二级评价指标

基础设施包括技术支持能力、组织支持能力、文化支持能力。

技术支持能力方面,包括硬件设施、软件、商业智能、专家库等;组织支持能力方面,包括组织结构、激励机制;文化支持能力方面,包括企业文化、个体成员的相互关系、对知识的认识、高层管理活动的支持等。它们对知识过程能力起支撑、保证作用。

表 5-6~表 5-8 分别给出了描述基础设施的二级评价指标。

表 5-6　技术支持能力评价指标

序号	指标描述
1	对于产品知识有明确的分类和说明
2	对于过程知识有明确的分类和说明
3	方便雇员间相互协作的信息技术
4	方便分布在不同地点的员工通过网络学习的技术
5	有定位某些专门知识的技术

表 5-7　组织支持能力评价指标

序号	指标描述
1	部门的设置方便知识的共享和相互作用
2	项目活动中强调共同行为而不是个体行为
3	绩效评价时考虑知识的创造和提供
4	对知识提供有统一的奖励机制
5	业务过程的设计便于不同部门间的知识交流
6	组织机构的设置便于知识到达项目成员

表 5-8　文化支持能力评价指标

序号	指标描述
1	项目成员理解知识对于项目成败的重要性
2	鼓励项目成员积极参与知识的获取和传递
3	重视在工作中接受训练和学习
4	对项目成员的评价考虑其在工作中获得专长的能力
5	明确项目的目标以及项目在企业战略中的地位
6	高层领导对知识管理作用的认可和支持

5.6　本章小结

（1）提出了建筑企业项目知识管理方法，即：将知识管理纳入企业战略管理；建立知识管理组织机构；培养知识共享的氛围；建立项目知识管理系统；构建知识管理能力评价体系。

（2）论述了项目知识管理对于建筑企业的战略意义。

（3）分析了建筑企业实施项目知识管理的组织保障，提出了知识管理三级组织机构，即承担宏观控制职能的首席知识官（CKO）、承担中层指导职能的知识管理项目经理（KMPM）和承担微观操作职能的知识工程师（KE）。

（4）从培育知识共享氛围和组织学习文化方面，提出了相应的约束和激励措施，如全面深入的事后总结、培育员工的学习动机、适当推广内部知识市场观念。

（5）从技术方面，介绍了项目知识库的构建原则和方法。

（6）建立了建设项目知识管理能力评价指标体系，具体包括知识过程能力指标（知识获取能力评价指标、知识共享能力评价指标、知识运用能力评价指标）和基础设施指标（技术支持能力评价指标、组织支持能力评价指标、文化支持能力评价指标），以及相应的二级指标。

6 建设项目知识管理绩效评价

6.1 绩效评价基本理论

绩效评价是指运用一定的评价方法、量化指标及评价标准,对中央部门为实现其职能所确定的绩效目标的实现程度,及为实现这一目标所安排预算的执行结果所进行的综合性评价。绩效评价的过程就是将实际工作绩效同要求达到的工作绩效标准进行比对的过程。

6.1.1 绩效与绩效评价

(1) 绩效与评价

① 关于绩效,Bates 和 Holton(1995)指出,"绩效是一多维建构,测量的因素不同,其结果也会不同"。因此,我们要想测量和评价绩效,必须先对其进行界定,弄清楚确切内涵。一般可以从组织、团体、个体三个层面上给绩效下定义,层面不同,绩效所包含的内容、影响因素及其测量方法也不同。

绩效,即"绩"和"效"的统称,也称业绩、效绩,反映的是人们从事某一活动所取得的成绩或成果。在涉及企业评价时,业绩、绩效、效绩这三个概念都常常出现在报刊中,曾经引起一些人对这些概念的辨析。然而"业绩""绩效""效绩"三个名词其英文都是"performance",因此"业绩""绩效""效绩"三个名词并没有本质的区别,是一个概念的三种不同表述。

绩效包含评价对象活动过程的效率和活动的结果两层含义。绩效强调的是投入(包括有形和无形投入)与产出(包括经济的和社会的)的关系。投入产出比越高,效率就越大。而在市场经济条件下,尤其是全球经济一体化激烈竞争的情况下,组织运行的最终目的必须是要实现投入与产出比率的最大化,组织一切经营管理活动就是围绕如何减少投入,提高产出展开的。最终是要实现投入与产出比率最大化,即绩效的最大化。

② 所谓评价,是指人们对某个特定客体的评判,是主观对于客观的认识活动。人类的评价活动与评价能力随着社会的发展进步而不断提高与完善。从经济学角度看,评价本身属于生产关系的范畴,对生产力的发展具有促进作用。正是因为有了评价活动,才使人们对客观事物及其运动规律有了进一步的认识和掌握,促使人们采取积极、科学的措施,改进生产组织,提高生产力水平,以获取更大的利益满足。人们对企业经营管理的认识也是通过评价活动而不断深化的。

(2) 绩效评价

绩效评价是对组织行为活动的效能进行科学测量与评定的程序、方式、方法之总称。它既包括对整个组织行为活动成果的测量与评价,又包括对组织内各个群体和组织成员个体的评价[63]。

随着管理科学理论的不断发展,绩效评价理论与方法已经渗透到管理科学各个领域中,这些评价对各种先进的管理方法的应用起到良好的促进作用。同样,项目知识管理模式的绩效评价,对项目知识管理的实施必将起到一定的推动作用[64]。绩效评价是任何先进的管理理论与方法应用的一个不可忽视的重要环节。

本书从项目管理活动中知识管理的能力出发,从知识管理的过程能力和基础设施两方面描述项目知识管理的能力。然而这种能力的评判仅仅是从知识的角度寻找到了项目管理系统的描述方法;或者说是通过评价指标体系,确定了项目管理活动中知识获取、共享和运用的状态。

任何管理活动都无法回避的两个问题,一个是效果(Effectiveness),俗称为"做正确的事";另一个是效率(Efficiency),俗称为"正确地做事"。项目知识管理中,围绕知识的运用、创造价值的举措,无疑是正确的、有效果的。但这种能力的拥有是否有效率,则不得不与项目的绩效相联系。

本书所研究的管理绩效涉及的是项目组织层面,将项目组织作为研究对象,探讨其知识管理措施的有效性。

6.1.2　管理成本和管理效率

管理是为使组织从投入(资源)到产出(目标)的转换过程更加有效率(增加产出或降低投入),从整体上看,管理效率就是指实施了管理后增加的收益与管理成本之间的比较。

现代管理理论将管理看作是投入组织的一项资源,那么就有使用这种资源的代价。根据一般经济学原理,为了获得管理这一资源,组织必然要付出相应的成本,这就是管理成本。

管理效率的内涵是指以一定的管理成本可以取得的管理收益。管理效率的高低取决于管理收益与管理成本。无论是评价一项既有管理体制的效率,还是度量采取一项新的管理体制所带来的效率,都要对影响管理收益与成本的因素进行分析。

6.1.3　管理系统的输入和输出

任何系统都存在于一定的环境之中,都会同环境发生不同程度的作用和影响,而这种相互作用和影响是通过输入和输出的方式来进行并实现的。在控制论中,环境对系统的作用和影响称为系统的输入,系统对环境的作用则称为系统的输出[65]。

研究表明,受控系统的输出(Y),同其输入(X)、干扰(M),以及系统内部结构(F)具有密切的相关性,如图 6-1 所示。

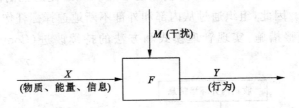

图 6-1　系统输入与输出基本模式图

其关系式为 $Y=F(X,M)$。如果撇开干扰对系统的影响,或其影响甚微而可忽略不计,上式就变为:$Y=F(X)$。

可见,受控系统的输入(X)对其输出(Y)的影响才是具有决定意义的,Y 是 X 的函数。因此,为了保证系统的输出在干扰的情况下,仍能达到满意的结果,可以通过改变输入来实现。

6.1.4　标杆瞄准

在管理绩效评价标准确定过程中,其标准来源于两个方面:一是组织内部,即根据组织过去的项目管理历史资料,来确定管理绩效;二是组织外部,即从同行业中挑选具有效率的项目管理作为标准。事实上,由于建设项目的独特性,从中挑选可比标准,也并非易事。

然而,"标杆瞄准"(Benchmarking)的发展使业绩评估标准问题有了很大进展。首先,标杆瞄准给了组织一套可以用于任何评估标准的方法;其次,它还是"一种革命性的评估和管理系统",它有一种转变管理层思维模式和视角的作用。标杆瞄准包括找出在某些活动、功能或工作中表现最佳的项目,然后以本项目管理的业绩与之相比。这种从外部入手的方法可以使人们了解一些以前认为不可能的重大改进。标杆瞄准技术给项目知识管理绩效评价提供了一种合理的确定其评价标准的方法。

6.1.5 持续改进

管理绩效评价是管理者运用一定的指标体系对组织的整体运营效果作出的概括性评价。评价时应本着系统的、权变的眼光,注重对指标的相互关系及其权重的确定,采取客观、公正、科学、全面的评价方法,力图快捷准确地将信息反馈给管理层,供实施控制决策之用。

组织管理绩效可被理解为组织各项机能的成绩、效果的综合表现。对管理绩效的评价就是一个评估、比较以便形成客观最优的控制决策的过程,如图 6-2 所示。因此,组织通过从内部和外部不断地选择标杆作为目标,采用相应的控制调整措施,实现管理模式和方法的持续改进(Continuous Improvement)。

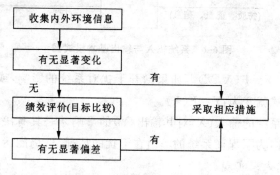

图 6-2 管理绩效评价的过程

6.2　管理绩效评价常用方法

　　纵观绩效评价的大量研究成果,可以发现评价的过程或者说评价工作的内容包括评价对象(评价目标)—评价体系(评价指标)—评价标准—评价方法等环节。而在评价过程中,数学模型的应用也是一个很重要的环节。下面是几种常用的绩效评价方法。

6.2.1　层次分析法

　　层次分析法(Analytic Hierarchy Process,AHP)是由美国匹兹堡大学教授T. L. Saaty 在 20 世纪 70 年代中期提出的。它的基本思想是把一个复杂的问题分解成各个组成因素,并将这些因素按支配关系分组,从而形成一个有序的递阶层次结构。通过两两比较(Pairwise Comparison)的方式确定层次中诸要素的相对重要性,然后综合人的判断以确定诸因素相对重要性的总排序。利用层次分析法求解一般的多层次结构问题的基本步骤简要介绍如下:

　　(1)建立递阶层次结构

　　首先对问题所涉及的因素进行分类,构造一个因素之间相互联结的递阶层次结构模型,一个典型的层次结构如图 6-3 所示。

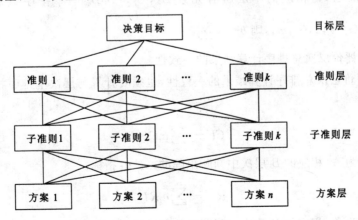

图 6-3　典型的 AHP 层次结构

　　(2)通过两两比较,构造各层次的两两比较判断矩阵

　　在单层次结构模型中,假定目标元素为 C_K,同与之相连的有关元素 A_1,

$A_2, \cdots, A_n$ 有支配关系。假定以上一层次某目标元素 C_K 作为准则,通过向决策者询问在原则 C_K 下元素 A_i 对元素 A_j 的优劣比较,构造一判断矩阵。

（3）计算单一准则下元素的相对重要性（单层次模型）

这一步要根据判断矩阵计算对于目标元素而言各元素的相对重要次序的权值。计算判断矩阵的最大特征根 λ_{max} 和其对应的经归一化后的特征向量 $\boldsymbol{W} = [w_1 \quad w_2 \quad \cdots \quad w_n]^T$,则 $\boldsymbol{W}$ 为本层次元素 $A_1, A_2, \cdots, A_n$ 对于目标元素 C_K 的排序权值。

（4）判断矩阵的一致性检验

计算一致性指标：

$$CI = \frac{\lambda_{max} - n}{n - 1}$$

计算一致性比例：

$$CR = \frac{CI}{RI}$$

其中 RI 为平均随机一致性指标。

当 $CR < 0.1$ 时,一般认为判断矩阵的一致性是可以接受的,否则应修改矩阵使之符合要求。

（5）计算各层次上元素的组合权重（层次总排序）

如果上一层所有元素 $A_1, A_2, \cdots, A_n$ 的组合权重已知,权值分别为 $a_1,a_2, \cdots, a_m$,与 A_i 相应的本层所有元素 $B_1, B_2, \cdots, B_n$ 的单排序结果为：$b_1^i, b_2^i, \cdots, b_n^i (i = 1, 2, \cdots, m)$,则 $b_j = \sum_{i=1}^{m} a_i b_j^i$

（6）评价层次总排序计算结果的一致性

为评价层次总排序计算结果的一致性,也须要计算与层次单排序相类似的检验量：

$$CI = \sum_{i=1}^{m} a_i CI_i$$

其中 CI_i 为 A_i 相应的 B 层次中判断矩阵的一致性指标。

$$RI = \sum_{i=1}^{m} a_i RI_i$$

其中 RI_i 为 A_i 相应的 B 层次中判断矩阵的随机一致性指标。

$$CR = \frac{CI}{RI}$$

当 $CR < 0.1$ 时,一般认为层次总排序的结果具有满意的一致性,否则应对

判断矩阵进行调整。

AHP 的最终结果是相对于整体目标,各方案的优先顺序权重。

6.2.2　模糊综合评价法

模糊综合评价法是以模糊数学为基础,应用模糊关系合成的原理,将一些边界不清,不易定量的因素定量化、进行综合评价的一种方法。

模糊综合评价法的步骤如下:

(1) 把因素论域分成 s 个子集

$$U = \bigcup_{i=1}^{s} u_i$$

(2) 对每一个 u_i 进行单级模糊综合评价,具体步骤包括:

① 确定评价对象的因素论域:

$$u_i = \{u_{i1}, u_{i2}, \cdots, u_{ip}\}$$

② 确定评语等级论域:

$$V = \{v_1, v_2, \cdots, v_m\}$$

进行单因素评价,建立模糊关系矩阵 $\boldsymbol{R}_i$。

在构造了等级模糊子集后,逐个对被评价事物从每个因素上进行量化,即确定从单因素来看被评价事物对各等级模糊子集的隶属度,进而得到模糊关系矩阵。

③ 确定评价因素的模糊权向量 $\boldsymbol{A}_i$

一般情况下,p 个评价因素对被评价事物并非是同等重要的,各单方面因素的表现对总体表现的影响也是不同的,因此在合成之前要确定模糊权向量。

④ 利用合适的合成算子将 $\boldsymbol{A}_i$ 和 $\boldsymbol{R}_i$ 合成

$\boldsymbol{R}_i$ 中不同的行反映了每个被评价事物从不同的单因素来看对各级模糊子集的隶属程度。用模糊权向量 $\boldsymbol{A}_i$ 将不同的行进行综合就可得到该被评价事物从总体上来看对各等级模糊子集的隶属程度,即模糊综合评价结果向量 $\boldsymbol{B}_i$。

(3) 将 u_i 看作一个综合因素,用 $\boldsymbol{B}_i$ 作为它的单因素评价结果,可得隶属关系矩阵

$$\boldsymbol{R} = \begin{bmatrix} \boldsymbol{B}_1 \\ \boldsymbol{B}_2 \\ \cdots \\ \boldsymbol{B}_s \end{bmatrix} = \begin{bmatrix} b_{11} & b_{12} & \cdots & b_{1m} \\ b_{21} & b_{22} & \cdots & b_{2m} \\ \vdots & \vdots & & \vdots \\ b_{s1} & b_{s2} & \cdots & b_{sm} \end{bmatrix}$$

设综合因素 $u_i(i=1,2,\cdots,s)$ 的模糊权向量为 $\boldsymbol{A} = \begin{bmatrix} a_1 & a_2 & \cdots & a_s \end{bmatrix}$,利用

合适的合成算子将 **A** 和 **R** 合成,则得到二级模糊综合评价结果 **B**。

(4) 对模糊综合评价结果向量进行分析

模糊综合评价的结果是被评价事物对各等级模糊子集的隶属度,它构成一个模糊向量,而不是一个点值,因而它能提供的信息比其他方法更丰富。对模糊综合评价结果向量的分析可根据情况采用最大隶属度原则、加权平均原则以及模糊向量单值化。

6.2.3 数据包络分析法

(1) DEA(Data Envelop Analysis,DEA)方法简介

1978 年,著名运筹学家查恩斯(A. Charnes)、库伯(W. Cooper)以及罗兹(E. Rhodes)等人以相对效率概念为基础,提出一种崭新的有效性评价方式——数据包络分析(DEA)方法,去评价决策单元间的相对的有效性(通常称为 DEA 有效)。他们的第一个模型命名为 C^2R 模型。从前沿面角度看,这一模型是用来研究具有多个输入,特别是具有多个输出的生产系统(决策单元)发展综合有效的十分理想且卓有成效的方法。1985 年,查恩斯、库伯、格拉尼(B. Gdany)、福德(L. Seiford)和斯图茨(J. Statz)给出了另一个模型——C^2GS^2。1986 年查恩斯、库伯和魏权龄,为了更进一步地估计"有效生产前沿面",利用查恩斯、库伯和克达尼克(Kortanek)于 1962 年首先提出的半无限规划理论,研究了具有无穷多个决策单元的情况,给出了一个新的数据包络模型——C^2W 模型,这一模型可用来处理具有过多的输入及输出的情况,而且锥的选取可以体现决策者的"偏好",灵活地应用这一模型,可以将 C^2R 模型中确定出的 DEA 有效决策单元进行分类或排队等。

首先,DEA 可以看作是一种统计分析的新方法。它根据一组关于输入-输出的观察值来估计有效生产前沿面(因此被称为"经验生产前沿面")。因为在计量经济学中,估计有效生产前沿面,通常使用统计回归及其他一些统计方法。这些方法统计出来的前沿面,并没有表示出实际的经验生产前沿面,因为这种估计是将有效决策单元和非有效决策单元混为一谈而得到的。DEA 则是从大量样本数据中分析出来本集合中处于相对最优情况的个体样本,因此自动舍弃了非有效的决策单元的样本数据。故从本质上讲,DEA 是最优的方法,由此而得到的生产前沿面就更符合实际。其次,DEA 方法不仅可以用线性规划来判断决策单元对应的点是否位于有效生产前沿面上,还可以提供改进的方向。如果决策单元对应点不是处在有效生产前沿面上,则我们可以将这个点投影到生

产前沿面上,定量地指出其非有效的原因和程度,从而获得反映系统状况以及如何改进的多种管理信息。最后要强调的是,统计回归方法的"平均性"使得由此确定的前沿面具有一定的"鲁棒性",或者说具有一定的抗干扰能力,即个别数据的失真对模型的准确度影响不大。

在这一方面 DEA 表现略有不同。个别数据的失真对有效生产前沿面或是毫无影响,或在局部产生非常敏感的线性影响,可以说,DEA 方法在整体上具有"鲁棒性",而在局部具有敏感性。我国研究者陆剑受已证明,DEA 有效的单元在输入输出数据发生微小变化时仍保持有效,即 DEA 模型是稳定的。

(2) DEA 评价的优越性

① DEA 方法评价着眼于系统整体,评价的是多个输入、多个输出,即综合输出最大,而不是仅仅局限于某一个指标;

② 运用 DEA 方法评价无须确定指标权重系数,减少了主观因素,增加了客观性;

③ 运用 DEA 方法评价,决策单元的最优效率评价指数 S 与投入量及输出量的量纲选取无关,方便了指标体系的建立;

④ DEA 方法对输入/输出指标有较大的包容性,如它可以接受那些在一般意义上很难定量的指标。

绩效评价的数学模型还包括线性加权求和模型、相对指数求和模型、非线性加权综合模型、增益型线性加权综合模型、理想点法模型、神经网络模型等。

6.3　建设项目知识管理绩效评价概念模型的构建

在评价项目知识管理能力之后,有必要揭示知识管理能力与项目管理绩效之间的相互关系,避免"产出过低"或"投入过大"问题。

6.3.1　知识管理能力与项目绩效的关系构建

通过第 5 章 5.5 节所建立的知识管理能力评价指标体系,可以描述建设项目知识管理的状态,抑或说寻找到了由知识管理过程能力和知识管理基础设施两个维度所形成的二维空间中的一个点。

此时,如果要评价项目所具备的知识管理能力是否有效率,就必须建立知识管理能力与项目绩效之间的桥梁,如图 6-4 所示。

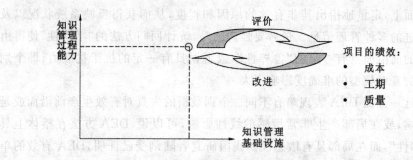

图 6-4　知识管理能力与项目绩效的关系

在建立了建设项目知识管理的能力评价指标体系后,我们仍然无法知晓知识管理措施是否有效。因为迄今为止,我们尚未清楚地分析出各种管理措施与项目绩效之间一一对应的因果关系。另外,建设项目的目标之间相互影响,对立统一。由于很难建立各种知识管理措施与项目绩效之间的量化关系,因此对项目知识管理的绩效评价,是一个典型的多投入、多产出问题。

6.3.2　建设项目知识管理绩效评价的概念模型

根据知识管理能力与项目绩效的关系构建,可以得到建设项目知识管理绩效评价的概念模型,如图 6-5 所示。

图 6-5　建设项目知识管理绩效评价概念模型

6.3.3　输入、输出指标的确定

(1) 输入指标

项目知识管理能力是各种管理方法和措施的体现。因此,在本书的建设项目知识管理评价模型中,将知识管理的能力作为系统投入,将即输入指标,力求分析管理措施对管理效应的影响。

知识管理能力评价可分为知识过程能力和基础设施两个方面,其指标体系共设置 6 个一级指标,若干个二极指标。其指标体系的构成详见第 5 章5.5节。

（2）输出指标

由于建设项目的一次性和独特性特点，很难找到一种对知识管理绩效通用的评价指标体系。项目是一种有着明确目标的行为，项目管理的目标在于保证项目目标的实现，因此项目知识管理的绩效评价也应以设定的目标作为依据，包括成本目标、工期目标、质量目标。项目知识管理措施是否有效取决于项目目标的实现情况。

本研究的输出指标归纳为三个：进度目标实现情况指标、质量目标实现情况指标、成本目标实现情况指标。

6.4　基于 DEA 的建设项目知识管理绩效评价

通过概念模型的分析和常用绩效评价方法的比较，不难看出，数据包络分析（DEA）是进行项目知识管理绩效评价的较好工具。基于此，本书的建设项目知识管理绩效评价以 DEA 方法为研究重点。

6.4.1　DEA 法进行项目知识管理绩效评价的程序

本研究在项目层次，将建设项目的知识管理能力作为系统投入，将项目目标实现情况作为系统的产出，建立建设项目知识管理绩效评价模型；在此基础上，用 DEA 法评价建设项目知识管理模式的相对有效性，从而"横向上"建立知识管理标杆瞄准（Benchmarking），"纵向上"实现管理模式的持续改进（Continuous Improvement）。

运用 DEA 法进行项目知识管理绩效评价的程序如图 6-6 所示。

6.4.2　C²R 模型和 DEA 有效性的定义

假设有 k 个决策单元（Decision Making Units），每个决策单元有几种类型"输入"（它表示该决策单元对"资源"的耗费）以及 m 种类型的"输出"（表示该决策单元消耗了"资源"之后表明"成效"的信息量），可由式(6-1)给出。

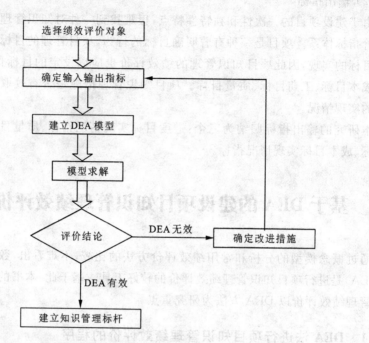

图 6-6　DEA 法进行项目知识管理绩效评价的程序

$$
\begin{array}{c}
\qquad\quad 1 \quad\quad 2 \qquad\quad j \qquad\quad k\,(\text{决策单元}) \\[4pt]
\begin{array}{cccc}
v_1 & 1 & \rightarrow \\
v_2 & 2 & \rightarrow \\
\vdots & \vdots & \vdots \\
v_n & n & \rightarrow
\end{array}
\begin{bmatrix}
x_{11} & x_{12} & \cdots & x_{1j} & \cdots & x_{1k} \\
x_{21} & x_{22} & \cdots & x_{2j} & \cdots & x_{2k} \\
\vdots & \vdots & & \vdots & & \vdots \\
x_{n1} & x_{n2} & \cdots & x_{nj} & \cdots & x_{nk}
\end{bmatrix}
\end{array}
$$

$$
\begin{bmatrix}
y_{11} & y_{12} & \cdots & y_{1j} & \cdots & y_{1k} \\
y_{21} & y_{22} & \cdots & y_{2j} & \cdots & y_{2k} \\
\vdots & \vdots & & \vdots & & \vdots \\
y_{m1} & y_{m2} & \cdots & y_{mj} & \cdots & y_{mk}
\end{bmatrix}
\begin{array}{l}
\rightarrow 1 \quad u_1 \\
\rightarrow 2 \quad u_2 \\
\;\;\vdots \quad\;\; \vdots \\
\rightarrow m \quad u_m
\end{array}
\tag{6-1}
$$

式中　x_{ij}——第 j 个决策单元的第 i 种类型输入的投入总量，$x_{ij} > 0, i = 1,$
　　　　2,…,n,$j = 1, 2, \dots, k$；

　　　　y_{rj}——第 j 个决策单元的第 r 种类型输出的产出总量，$y_{rj} > 0, r = 1,$
　　　　2,…,m,$j = 1, 2, \dots, k$；

v_i——对第 i 种类型输入的一种度量（或称权）；

u_r——对第 r 种类型输出的一种度量（或称权）。

如果我们要进行横向比较评价建设项目知识管理措施的有效性，则 $X_j = (x_{1j}, x_{2j}, \cdots, x_{nj})^{\mathrm{T}} (j = 1, 2, \cdots, k)$ 及 $Y_j = (y_{1j}, y_{2j}, \cdots, y_{mj})^{\mathrm{T}}$ 是同一时期被考查的 k 个决策单元的输入输出观察值，是已知的。如果我们要纵向比较企业在不同时期建设项目知识管理措施的有效性，则 X_j、$Y_j (j = 1, 2, \cdots, k)$ 就是对同一企业在 k 个不同时点的观察值，也是已知的。而 $\boldsymbol{V} = [v_1 \quad v_2 \quad \cdots \quad v_n]^{\mathrm{T}}$，$\boldsymbol{U} = [u_1 \quad u_2 \quad \cdots \quad u_m]^{\mathrm{T}}$ 是权系数向量，v_i 和 u_r 是变量。

每个决策单元都有相应的效率评价指数：

$$h_j = \frac{\sum_{r=1}^{m} u_r y_{rj}}{\sum_{i=1}^{n} v_i x_{ij}} \quad j = 1, 2, \cdots, k \tag{6-2}$$

我们总可以适当地选取权系数向量 $\boldsymbol{V}$ 和 $\boldsymbol{U}$，使其满足

$$h_j \leqslant 1 \quad j = 1, 2, \cdots, k$$

现在对第 j_0 个决策单元进行效率评价（$1 \leqslant j_0 \leqslant n$）。以权系数 $\boldsymbol{V}$ 和 $\boldsymbol{U}$ 为变量，以第 j_0 个决策单元的效率指数为目标，以所有被考查的决策单元（也包括第 j_0 个决策单元）的效率指数 $h_j \leqslant 1, j = 1, 2, \cdots, k$ 为约束条件，构成如下的最优化模型（分式规划模型）

$$(\mathrm{C^2R}) \begin{cases} \max h_1 = \dfrac{\sum_{r=1}^{m} u_r y_{rj_0}}{\sum_{i=1}^{n} v_i x_{ij_0}} \\ \mathrm{s.\,t.\,} h_j = \dfrac{\sum_{r=1}^{m} u_r y_{rj}}{\sum_{i=1}^{n} v_i x_{ij}} \leqslant 1, \quad j = 1, 2, \cdots, k \\ \boldsymbol{V} = [v_1 \quad v_2 \quad \cdots \quad v_n]^{\mathrm{T}} \geqslant 0 \\ \boldsymbol{U} = [u_1 \quad u_2 \quad \cdots \quad u_m]^{\mathrm{T}} \geqslant 0 \end{cases} \tag{6-3}$$

由查恩斯-库伯变换，得线性规划模型

$$(\mathrm{P}) \begin{cases} \max \mu^{\mathrm{T}} Y_{j0} = V_P \\ \mathrm{s.\,t.\,} \omega^{\mathrm{T}} X_j - \mu^{\mathrm{T}} Y_j \geqslant 0, \quad j = 1, 2, \cdots, k \\ \omega \geqslant 0 \quad \mu \geqslant 0 \end{cases} \tag{6-4}$$

(P)的对偶规划(已引入松弛变量 s^-，s^+)为：

$$(D)\begin{cases}\min\theta = V_D \\ \text{s.t. } \sum_{j=1}^{k} X_j\lambda_j + s^- = \theta X_{j_0} \\ \sum_{j=1}^{k} X_j\lambda_j - s^+ = Y_{j_0} \\ \lambda_j \geqslant 0, \quad j=1,2,\cdots,k, s^- \geqslant 0, s^+ \geqslant 0 \end{cases} \quad (6\text{-}5)$$

关于上述三个优化模型，我们有如下结论：

结论①：若 V^0、U^0 为(C^2R)的最优解，则 $\omega^0 = t^0 V^0$，$\mu^0 = t^0 U^0$ 为(P)的最优解，最优值相等，这里 $t^0 = \dfrac{1}{V^{0T}X_{j_0}}$。

结论②：若 ω^0，μ^0 为(P)的最优解，则 ω^0，μ^0 为(C^2R)的最优解，并且最优值相等。

结论③：线性规划(P)和(D)都存在最优解，并且最优解 $V_D = V_P \leqslant 1$。

利用模型(P)，我们可以给出评价决策单元 j_0 为 DEA 有效的两个定义。

定义 1：若线性规划(P)的最优解 ω^0，μ^0 满足 $V_P = \mu^{0T}Y_{j_0} = 1$，则称决策单元 j_0 为弱 DEA 有效(C^2R)。

定义 2：若线性规划(P)的最优解中存在 $\omega^0 > 0$，$\mu^0 > 0$ 并且目标值 $V_P = \mu^{0T}Y_{j_0} = 1$，则称决策单元 j_0 为 DEA 有效(C^2R)。

由于线性规划(D)是(P)的对偶规划，所以我们也可以用模型(D)来给出决策单元 j_0 为 DEA 有效的定义，事实上，我们有结论：

结论④：若(D)的最优值 $V_D = 1$，则决策单元 j_0 为弱 DEA 有效，反之亦然；若(D)的最优值 $V_D = 1$，并且它的每个最优解 $\lambda^0 = (\lambda_1^0, \lambda_2^0, \cdots, \lambda_n^0)^T$，$s^{0-}$，$s^{0+}$，$\theta^0$，都有 $s^{0-} = 0$，$s^{0+} = 0$，则决策单元 j_0 为 DEA 有效，反之亦然。

如果我们利用模型(P)来评价决策单元 j_0 是否为 DEA 有效的，那么须要判断是否存在最优解 ω^0、μ^0 满足 $\omega^0 > 0$，$\mu^0 > 0$，$V_P = \mu^{0T}Y_{j_0} = 1$，这实际上是说我们有可能要考虑(P)的所有最优解。如果我们利用模型(D)来进行评价，须要判断是否它的所有最优解 λ^0，s^{0-}，s^{0+}，θ^0，都有：$s^{-0} = 0$，$s^{0+} = 0$ 且 $V_p = \theta^0 = 1$，也就是说要考虑(D)的所有最优解，一般说来在理论上是正确的。但实际操作过程中，这种判断不是很容易能做到的，查恩斯和库伯引进了非阿基米德无穷小的概念，利用线性规划的单纯形方法求解，从而为实际操作提供了一种简便可行的方法。

令 ε 是非阿基米德无穷小，它是一个小于任何正数且大于零的数(在推广的实数域内),上述三个模型(C^2R),(P)及(D)分别为(C^2R_ε),(P_ε)及(D_ε)

$$(C^2R_\varepsilon)\begin{cases} \max = \dfrac{U^TY_{j0}}{V^TX_{j0}} \\ \text{s. t. } \dfrac{U^TY_j}{V^TX_j} \leqslant 1, \quad j=1,2,\cdots,k \\ \dfrac{V^T}{V^TX_{j0}} \geqslant \varepsilon e_n^T \quad \dfrac{U^T}{U^TY_{j0}} \geqslant \bar{\varepsilon} e_m^T \end{cases} \tag{6-6}$$

其中,$e_n^T = (1,1,\cdots,1)^T \in R_n$,$e_m^T = (1,1,\cdots,1) \in R_m$($R_n$,$R_m$ 分别为 n 维,m 维实空间)。

$$(P_\varepsilon)\begin{cases} \max \mu^T Y_{j0} = V_P(\varepsilon) \\ \text{s. t. } \omega^T X_j - \mu^T Y_j \geqslant 0, \quad j=1,2,\cdots,k \\ \omega^T X_{j0} = 1 \\ \omega^T \geqslant \varepsilon e_n^T \\ \mu^T \geqslant \varepsilon e_m^T \end{cases} \tag{6-7}$$

与之对偶的模型(D_ε)的规划问题为:

$$(D_\varepsilon)\begin{cases} \min[\theta - \varepsilon \cdot (e_n^T s^- + e_m^T s^+)] = V_D(\varepsilon) \\ \text{s. t. } \displaystyle\sum_{j=1}^{k} X_j \lambda_j + s^- = \theta X_{j0} \\ \displaystyle\sum_{j=1}^{k} Y_j \lambda_j - s^+ = Y_{j0} \\ \lambda_j \geqslant 0, j=1,2,\cdots,k \\ s^- \geqslant 0, s^+ \geqslant 0 \end{cases} \tag{6-8}$$

实践中,通常用模型(D_ε)来评价决策单元的有效性,我们有结论:

结论⑤:设 ε 为非阿基米德无穷小,且(D_ε)的最优解为 $\lambda^0,s^{0-},s^{0+},\theta^0$,则有

(i) 若 $\theta^0 = 1$,则决策单元 j_0 为弱 DEA 有效的。

(ii) 若 $\theta^0 = 1$,且 $s^{0-} = 0$,$s^{0+} = 0$,则决策单元 j_0 为 DEA 有效的。

在实际计算时,一般取 $\varepsilon = 10^{-5}$。

6.4.3 DEA 的相对有效面及决策单元在其上的"投影"

关于优化模型 C^2R,P,D,C^2R_ε,P_ε,D_ε 及 VP,它们的最优解的存在性问题,是我们能否以此方法对项目管理模式进行有效性评价的关键,我们有:

结论⑥：多目标规划（VP）至少存在一个 Pareto 有效解，即至少存在一个决策单元，它是 DEA 有效的。

设输入数据和输出数据对应的集合（称为参考集）为 $\hat{T}$，由 $\hat{T}$ 生成的凸锥为：

$$C(\hat{T}) = \Big\{ \sum_{j=1}^{k} (X_j, Y_j)\lambda_j \mid (X_j, Y_j) \in \hat{T}, \lambda_j \geqslant 0, j = 1, 2, \cdots, k \Big\} \quad (6\text{-}9)$$

而生产可能集为：

$$GR = \Big\{ (X, Y) \mid \sum_{j=1}^{k} X_j \lambda_j \leqslant X, \sum_{j=1}^{k} Y_j \lambda_j \geqslant Y, \lambda_j \geqslant 0, j = 1, 2, \cdots, k \Big\}$$

集合 $C(\hat{T})$ 具有有限多个面，是一个多面凸锥，它是参考集 $\hat{T}$ 中的 k 个点 $(X_j, Y_j)(j=1, 2, \cdots, k)$ 的数据包络。如果存在 $\omega^0 \in R_n, \mu^0 \in R_m$，满足 $\omega^0 > 0$，$\mu^0 > 0$，$(\omega^{0T}, -\mu^{0T})$ 是多面锥 $C(\hat{T})$ 的某个方向，并且多面凸锥 $C(\hat{T})$ 在该面的法方向 $(\omega^{0T}, -\mu^{0T})$ 的同侧，则称该面（凸锥的某个侧面）为有效生产前沿面或 DEA 相对有效面。从多目标的角度看，有效生产前沿面就是 Pareto 有效解构成的面。从而若决策单元 j_0 对应的 (X_{j_0}, Y_{j_0}) 落在以 $(\omega^{0T}, -\mu^{0T})$ 为法方向的某有效生产前沿面上，则决策单元 j_0 为 DEA 有效。

一般来说，如果我们对 k 个决策单元进行有效性评价，结论⑥保证了这 k 个决策单元中至少有一个是 DEA 有效的。每个决策单元都是 DEA 有效的情况是很特别的，这只是理想的情形。对于 DEA 非有效的决策单元如何明确改进经营管理的方向、途径和目标，使之有效地、合理地组织、安排、使用生产要素，提高经济效益，正是我们对决策单元进行评价的根本意义所在。

因为决策单元 j_0 对应的点 (X_{j_0}, Y_{j_0}) 落在有效生产前沿面上，那么决策单元 j_0 为 DEA 有效，所以决策单元为 DEA 非有效的话，它对应的点一定不在有效生产前沿面上，或不在 DEA 相对有效面上。但是我们此时可将该点向 DEA 相对有效面上"投影"，通过比较分析决策单元为 DEA 非有效的点和与之在 DEA 相对有效面上的"投影"点的差别，来明确项目管理的改进方向。

定义 3：设 $\lambda^0, s^{0-}, s^{0+}, \theta^0$ 是线性规划问题（D_ε）的最优解，令

$$\left.\begin{array}{l} \hat{X}_{j_0} = \theta^0 X_{j_0} - s^{0-} \\ \hat{Y}_{j_0} = Y_{j_0} + s^{0+} \end{array}\right\} \quad (6\text{-}10)$$

称 $(\hat{X}_{j_0}、\hat{Y}_{j_0})$ 为决策单元 j_0 对应的点 $(X_{j_0}、Y_{j_0})$ 在 DEA 相对有效面上的投影。

由线性规划模型（D_ε）得：

$$\left.\begin{array}{l} \hat{X}_{j_0} = \sum_{j=1}^{k} X_j \lambda_j^0 \\[2mm] \hat{Y}_{j_0} = \sum_{j=1}^{k} Y_j \lambda_j^0 \end{array}\right\} \tag{6-11}$$

可以证明$(\hat{X}_{j_0}, \hat{Y}_{j_0})$构成了一个新的决策单元$\hat{j}_0$,由于$(\hat{X}_{j_0}, \hat{Y}_{j_0})$落在多面凸锥$C(\hat{T})$的有效生产前沿面上,从而相对于原来的$k$个决策单元而言,决策单元$\hat{j}_0$是 DEA 有效的。由于决策单元的投入产出向量$(X_j, Y_j)$的每个分量都具有确切的经济意义,松弛变量$s^{0-}$的每个分量表示决策单元对该项生产要素投入浪费的部分,而松弛变量s^{0+}的每个分量表示决策单元对该产出的不足部分。所以,这项工作的完成,为使项目管理模式或由非有效状态向有效状态调整,或沿着有效的轨迹发展,提供了定量的依据。

6.4.4　DEA 评价的规模有效性

在经济生产活动分析中,人们还常常使用规模收益的概念来反映产出Y对投入X的相对不减性程度,为此,给出如下定义。

设$(X, Y) \in T$,令$\alpha(\beta) = \max\{|\alpha| | (\beta X, \beta Y) \in T, \beta \neq 1\}$,$\rho = \lim_{\beta \to 1} \dfrac{\alpha(\beta) - 1}{\beta - 1}$。

若$\rho > 1$,称(X, Y)对应的 DMU 为规模收益递增;若$\rho < 1$,称为规模收益递减;若$\rho = 1$,称为规模收益不变。

由 C^2R 的规划问题(D)的最优解可以进一步判断 DMU_{j0} 的规模收益状况。设(D)具有唯一最优解λ^0、s^{0-}、s^{0+}、θ^0,可以证明,当$\sum_{j=1}^{n} \lambda_j^0 / \theta^0 = 1$时,$DMU_{j0}$具有恰当的投入规模,为规模收益不变;当$\sum_{j=1}^{n} \lambda_j^0 / \theta^0 < 1$时,$DMU_{j0}$为规模收益递增;当$\sum_{j=1}^{n} \lambda_j^0 / \theta^0 > 1$时,$DMU_{j0}$为规模收益递减。

6.5　本章小结

(1) 介绍了管理绩效的基本概念,阐述了管理绩效评价对于"持续改进"的重要意义;介绍了管理绩效评价的常用方法。

（2）在分析知识管理能力与项目绩效之间的关系的基础上，建立了建设项目知识管理绩效评价的概念模型，分析了管理系统的输入和输出，确定了输入输出指标。

（3）知识管理模式的绩效评价属于多投入多产出的活动。通过知识管理绩效评价概念模型的分析和常用绩效评价方法的比较，提出数据包络分析（DEA）法是进行项目知识管理绩效评价的较好工具。在此基础上，确定了 DEA 法进行建设项目知识管理绩效评价的程序，并给出了 DEA 法有效性的数学描述。

7 实 证 分 析

7.1 CWCEC 公司简介

国内某大型工程公司 CWCEC 主要从事工程项目的设计、采购、施工、项目管理及总承包工作。公司成立 60 年,设计或总承包建成了各类大中型工程千余项。

CWCEC 公司(以下简称"公司")组织机构如图 7-1 所示。

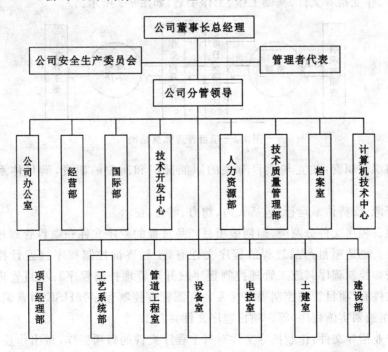

图 7-1 CWCEC 公司组织机构图

公司建立了包括质量管理、职业健康安全管理、环境管理(简称 QHSE)的一体化管理体系。公司自 1982 年作为国内第一批推行工程总承包的试点单位以来,始终以建设国际型工程公司为目标。

7.2　CWCEC 公司项目管理体系

7.2.1　项目管理体系简介

CWCEC 公司实施项目经理负责制,按照现代项目管理的思想,应用赢得值原理和方法,采取平衡型矩阵组织机构,对项目的"综合、范围、进度、费用、质量、人力资源、沟通、风险、采购、HSE"等十大领域实施全面管理和控制。

公司依据 20 多年来在项目管理应用领域的实践和发达国家工程公司的经验建立了与国际接轨的项目管理体系。

公司项目管理体系内容包括:体系功能、体系结构、组织职责、资源、项目程序文件、作业指导文件、基础工作、工作手册,如图 7-2 所示。

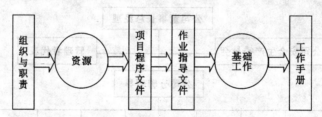

图 7-2　项目管理体系结构

组织与职责:建立与项目有关的职能部门和岗位的职责,满足体系功能要求。

资源:支持体系运行,包括人力、物力、财力、技术。

项目程序文件分两类,即创造项目产品过程的程序文件和项目管理过程程序文件。创造项目产品过程的程序文件有《工程咨询控制程序》《设计控制程序》《采购控制程序》《施工管理控制程序》《开车管理控制程序》;项目管理过程程序文件有《项目管理控制程序》《人力资源管理控制程序》《HSE 因素识别、评价、控制策划实施程序》等。项目程序文件共有 18 个。

作业指导文件:作业指导文件对每个程序文件的每项工作,做出作业规定,包括工作标准、工作指南、技术指南、通用技术规定、标准图等。作业指导文件支持程序文件的运行,有《项目实施计划编制规定》《设计 HSE 实施计划编制规定》《施工招标管理规定》《施工 HSE 管理规定》《预试车和投料试车工作规定》等 114 个。

基础工作:是项目管理体系的重要组成部分,支持程序文件和作业指导文件的运行。外国公司称之为公司的第二生命或第二财富。主要的基础工作包括:项目管理体系文件、定额(人工时定额、费用估算定额、进度周期定额)、工作分解结构 WBS、组织分解结构 OBS、代码和编码系统、工作包辞典、材料代码、检测基准表、QHSE 管理体系文件。

工作手册:有化工工艺、热工工艺、水处理工艺、粉体工程、设备、材料、项目管理等 39 个专业的 449 个作业指导书。

7.2.2　项目管理组织机构简介

公司在总结多年推行项目经理负责制的成功经验基础上,按照现代项目管理模式,为满足公司快速发展的需要,2004 年开始对项目经理负责制作进一步强化。为加强项目的协调,在项目管理组织机构中增设了项目主管和技术主管,进一步明确了项目经理相应的项目管理权力,同时也强化了项目成本核算制度。

项目管理组织机构如图 7-3 所示。项目组织机构与各部门间的上下级报告和交流关系具体说明如下:

(1) 项目组中项目管理、设计、采购、施工和开车人员向相关经理报告工作并交流,并向所在部门主任、主任工程师报告工作并交流。

(2) 项目管理团队中设计、采购、施工、开车、控制、质量、HSE、财务、IT 等各位经理通过月报告向公司的项目经理报告工作并交流,公司项目经理与这些经理之间进行工作交流。

(3) 项目管理团队中项目、设计、采购、施工、开车、控制、质量、HSE、财务、IT 等各位经理通过月报告向项目管理、设计、采购、施工、开车、控制、QHSE、财务和计算机技术中心等部门报告工作并交流,部门主任与这些经理之间进行工作交流。

(4) 项目经理向公司项目主管(公司领导)和业主报告工作并交流,其他相关经理与业主进行工作交流。

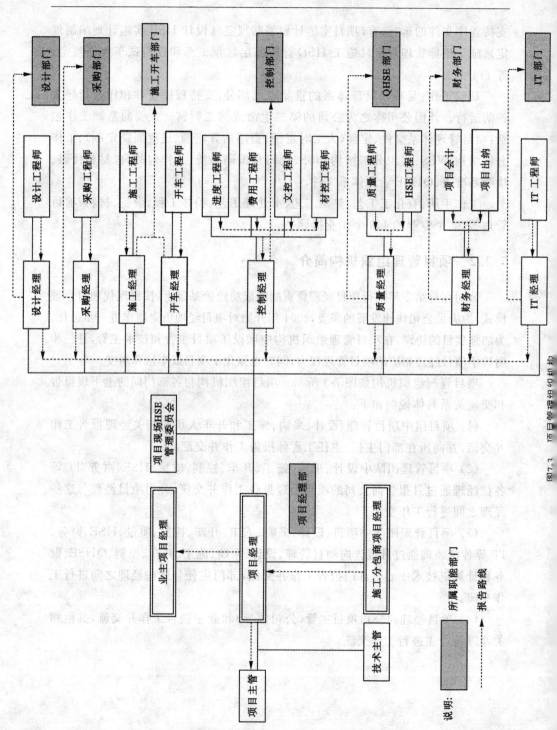

图7-3 项目管理组织机构

说明：

所属职能部门

报告路线

项目主管(按项目类别由公司副总经理担任)负责审批项目的实施计划(含项目的目标及实施方案)和项目重大事项,并督促、检查项目管理工作,指导项目经理组织项目实施。

技术主管主要负责重大技术方案的评审。

项目经理负责整体组织项目的实施,并抓好"六大管理"(合同管理、项目协调程序管理、项目重大变更管理、计划管理、信息管理、HSE 管理)和"四大控制"(进度控制、质量控制、费用控制、材料控制)。项目经理在整个项目实施过程中处于核心位置。

矩阵式项目组织机构中的成员来自公司项目管理部门和各专业部室,公司项目管理部门和各专业部室是项目的人力资源提供中心和技术支持中心,每个项目组都是为了完成某个特定的项目任务而成立的,具有临时性的特点。

7.2.3　人力资源战略

国家的竞争,企业的竞争,从根本上说是人才的竞争,是人力资源开发的竞争。作为以建设一流国际工程公司为目标的知识密集型高新技术企业,公司在人力资源管理方面主要有以下举措:

(1) 完善人才队伍结构

公司非常重视员工的培训,努力塑造具有过硬本领的项目管理人才、项目经营人才、专业技术人才等三支人才队伍,以人才结构的不断优化,大力提升公司的技术水平和管理水平,促进公司综合素质的不断提高。公司的培训分为公司级培训和部门级培训,公司级培训主要有执业资格培训、项目管理培训、外语培训、计算机应用培训、安全教育培训及其他培训,部门级培训主要有 QHSE 教育培训、技术培训、外语培训、计算机应用培训、新员工岗前培训及其他培训,每年年终都要对公司级培训和部门级培训进行评估,并提出下年度的培训计划。

公司积极推进企业人才结构的专业化、知识化、年轻化,以保证公司发展的生机与活力。公司在积极用好内部人才的同时,充分利用社会的人才资源优势,保证企业的可持续发展。

(2) 创新人力资源管理

公司通过不断加强人力资源基础工作和制度化、信息化建设,以提升人力资源管理水平。通过加大人力资源开发力度,建立和完善有公司特色的员工招聘、培养、评价、使用和薪酬激励机制,营造吸引人才、凝聚人才、造就人才的良好环境,促进员工整体素质不断提高和优秀人才脱颖而出,建设一支高素质员工队伍及数量充足的专家和骨干队伍。

公司不断创新人员测评机制,建立以工作业绩为重点,由专业知识、技术水平、综合能力、团队精神、工作态度、职业道德等要素构成的各类人员测评指标体系,对员工考核测评做到量化和经常化,使公司对员工的考核、评价、培养、任用及淘汰等工作更客观科学和公平合理。开展员工职业生涯规划,尊重员工个人价值,实现员工成长与公司发展的和谐统一。

7.2.4　项目管理信息化建设

（1）项目管理软件应用和开发情况

工程项目管理软件在我国工程建设领域的应用经历了从无到有、从简单到复杂、从局部应用向全面推广、从单纯引进或自行开发到引进与自主开发相结合的过程。

作为一个工程公司,使用项目管理软件进行项目管理可以提高项目的管理水平,增强计划的可执行性,提高资源的有效配置,加强成本管理,提高企业的竞争能力。在工程建设领域应该使用项目管理软件已经成为共识,在一个项目的管理过程中是否使用了项目管理软件已成为衡量项目管理水平高低的标志之一。

公司项目管理采用的软件主要有：

设计、采购、施工、开车过程进度管理的软件：P3/E、P3、Project 2000、Project 2003；

项目人工时管理系统：采用自主开发的 Project.cwcec.com；

项目绩效检测软件：采用自主开发的进度费用综合检测软件 PMWH；

合同管理：采用自主开发的合同管理软件；

仓库管理：采用自主开发的项目仓库管理软件；

QHSE 管理软件系统：采用自主开发的 QHSE.cwcec.com；

科技档案管理系统：采用自主开发的软件。

公司在工程总承包和项目管理中根据不同的对象选用合适的项目管理软件,对于大型、复杂工程项目及业主要求项目管理水平较高的项目,采用 P3/E 作为项目管理软件,对于中小型项目采用 Project 2003 和自主开发的进度费用检测软件 PMWH 作为项目管理软件,对于项目和企业事务管理则采用公司自主开发的人工时统计软件 Project、QHSE 管理统计软件、合同管理软件、仓库管理软件、人力资源管理软件、科技档案管理系统等。

（2）项目管理软件应用和开发经验

项目管理软件应用和开发中总结出的经验包括：

① 信息的标准化

项目管理软件的应用过程中发生诸如信息的重复输入、冗余信息大量存在、信息存在不一致等问题，主要有两方面的原因，一是软件编制过程中标准的不统一，二是项目管理中的信息不统一。要解决上述问题，对于工程公司来说，应加强项目信息标准化工作，在基础工作方面应统一工作包名称和编码、统一WBS编码、统一资源编码、统一材料编码、统一账目编码、统一项目文件编码方法；在项目策划阶段应与建设项目各个参与方统一项目软件、统一项目有关编码方法等。

② 项目管理理念

项目管理软件和以项目管理软件为核心的项目管理信息系统的应用能否取得成功，关键是要将先进的项目管理理念同项目管理实际结合在一起，项目成员都应具有项目管理的理念。项目管理软件的应用以及先进项目管理理念的贯彻执行，不仅仅在于项目管理人员，更大程度上是要靠项目成员来实现。

③ 建立应用的整体观念

项目管理软件和以项目管理软件为核心的项目管理信息系统的应用是一项系统工程，项目的各个参与方应树立以管理技术和管理基础为先导、选择适用的项目管理软件或系统，实施、培训并重的整体观念；事前系统性的整体规划，是整个应用过程实现的技术途径。

④ 单元软件和管理信息系统

在项目管理软件应用的初期，往往注重对具有某些特定功能的项目管理软件的投入，但随着应用水平的不断提高，应逐渐地把重点转向各种功能软件和信息的集成和整合方面，即建设项目信息管理系统构建上来，不应过分集中在对单一软件的应用上。

⑤ 应用与开发的关系

工程公司对项目管理软件中的核心软件应以引进为主，在此基础上必须进行二次开发工作，以适应不同工程公司的管理要求和工程的某些特殊需求。

7.3 EPC 项目情况概述

7.3.1 宝泰菱公司聚甲醛项目

(1) 项目概况

项目业主：　　日本宝泰菱工程塑料(南通)有限公司

项目性质：　　日方独资

项目规模：　　年产 6 万 t 聚甲醛装置

项目基建投资：1.4 亿美元

项目承包商：　CWCEC 公司

　　　　　　　日本钟渊化学株式会社(Kaneka Engineering Co.,Ltd.)

　　　　　　　日本川崎重工株式会社(Kawasaki Heavy Industries,Ltd.)

(2) 合同范围

日本钟渊化学株式会社承担工艺装置的基础设计及部分海外设备供货；

日本川崎重工株式会社承担大部分海外设备材料的供货及对 CWCEC 承担工作的审查与监督；

CWCEC 承担项目报批、工艺装置以外部分的基础设计、全部工程的详细工程设计、国内设备材料供货及全部工程的建筑安装。

所有承包商分别与业主签订合同。

CWCEC 总承包额：　2.6 亿元人民币

承包方式：　　　　EPC 固定价

合同工期：　　　　26 个月

(3) 项目特点

① 与业主有关的政府审批事项由 CWCEC 负责,包括初步设计审批,环保、消防、安全、卫生、供电、进口设备材料等审批工作,在项目执行过程中,面对各审批部门的各项审批手续,CWCEC 既代表业主又是承包商。

② 项目的管理要求完全按照日方要求的模式进行,工程质量要求高、设计质量要求高、设备监制及检验要求高、供货商资料要求高、文件资料保密要求高、机械竣工交付的要求高。

③ 项目业主审批和日本川崎重工株式会社的审查严格、仔细,按一对一的

原则进行监督和审查,对工期有较大的影响。

④ 项目变更频繁。

⑤ 管道设计要求全部采用三维设计软件(PDMS)。

⑥ 项目采购管理非常严格,尤其是制造厂商的催交、监督和检查。

⑦ 施工管理要求严,如管道要预制、施工临时设施要规范、管理要安全文明、所有施工要设计审查后再进行。

⑧ 对文档管理要求严格。

(4)项目目标实现情况

在保证工程质量的前提下,提前两个月完成合同工期目标,业主接收全部装置,公司取得了较好的经济效益。该工程创同类型工厂建设工期最短的世界纪录,为此业主对项目部进行物质奖励并对 CWCEC 颁发奖牌。

7.3.2　云南沾化合成氨项目

(1) 项目概况

项目业主:　　　　云南大为制氨有限公司

项目规模:　　　　年产 50 万 t 合成氨及其配套的公用工程和辅助工程

项目基建投资:　　32 亿元人民币

总承包合同额:　　11.81 亿元人民币

承包方式:　　　　EPC 固定价

(2) 合同范围

工艺主装置(SHELL 煤气化装置、合成氨装置)及公用工程。

总承包合同工期:36 个月

(3) 项目特点

① 我国以往年产 30 万 t 以上合成氨项目工艺装置一般由一家国外工程公司负责全流程的基础工程设计,本项目第一次采用国内工程公司(即 CWCEC)负责此项工作,并负责全过程 EPC 工作,要求将各工段专利商技术与国内技术系统性地有机串接,有较大的技术难度和挑战性。

② 市场形势对总承包商有较大的风险。例如,制造厂商任务饱满,难以按时交货;市场物价上涨。

③ 云南处于大西南,运输条件不好,面临超限设备的海运和内陆运输的难题。

(4) 项目目标实现情况

该项目依据赢得值原理,利用项目 WBS,通过裁减项目工作包,对每个工作包间逻辑关系的安排,估算完成各工作包的人工时,将项目费用分解到各工作包,生成项目的进度/费用基准控制数值——BCWS,然后通过定期把采集到的实际进度完成情况数值(BCWP)和实际费用完成情况数值(ACWP)输入到计算机程序中,与基准值进行对比、分析、检测。

该项目十分注重项目风险的控制,通过加强对项目风险的识别、监控,有效化解进度、费用、质量等方面的风险。

7.3.3　神华公司煤制氢项目

(1) 项目概况

项目业主:　　　　中国神华煤制油有限公司

项目规模:　　　　纯氢生产能力为 313×2 t/d

项目基建投资:　　110 亿元人民币

总承包额:　　　　14.39 亿元人民币

承包方式:　　　　EPC 固定价

(2) 合同范围

第一煤制氢装置和第二煤制氢装置(包括 2 套备煤单元、2 套煤气化单元、2 套 CO 变换单元、2 套酸性气体脱除单元、2 套氢气提纯单元、1 套冷冻单元)的设计、采购、施工以及联动试车、投料试车和为性能测试提供指导、技术支持、技术服务和保运。

合同工期:27 个月

(3) 项目特点

每套煤制氢装置纯氢生产能力为 313 t/d,包括磨煤及干燥、煤气化、CO 变换、酸性气体脱除、氢气提纯等 5 个工艺单元。该煤制氢项目以神华上湾煤为原料,采用中速磨磨煤干燥、荷兰壳牌粉煤加压气化、耐硫宽温变换串耐硫低温变换、德国林德低温甲醇洗、变压吸附工艺生产 99.5% mol 浓度高纯度氢气,向下游煤液化等装置供氢。具有以下特点:

① 工期紧,只有 27 个月,比典型的以壳牌煤气化技术为核心的生产装置要少几个月的建设时间。

② 规模大,同时建设两套煤制氢装置,设备和材料多,大型设备多、周期长、交货设备多、物流管理难度大。

③ 可施工时间短,项目现场在内蒙古自治区鄂尔多斯市伊金霍洛旗乌兰木

伦镇马家塔,每年有 4 个月的冬季,冬季气温低,几乎不能进行土建施工。

④ 制约因素多,特别是煤气化主厂房的土建和结构施工要满足荷兰马蒙特 3700 t 吊车在现场的工作时间安排。

(4)项目目标实现情况

项目管理上结合了进度绩效检测及费用控制等方法。

进度控制上,首先考虑各部分的合同金额、投入的人工时等因素来确定项目设计、采购、施工的权重。在设计进度控制上,根据工作包以及工作包的定额分解出每一个专业和每一项工作包的权重,再根据需控制的进度检查点确定相应的百分比,并通过每月(或周)填入实际完成时间自动计算出实际完成百分比,最后对照计划检查当期设计进展情况。

在采购进度控制上,分为设备采购、材料采购两部分。根据采购包金额确定每个采购包的权重,再根据询价、评标完成、签订合同、主材到厂、发货及现场交付等需控制的计划时间点确定相应的百比分,并通过每月(或周)填入实际完成时间自动计算出实际完成百分比,最后对照计划进度检查当期采购进展情况。

在施工进度控制上,首先根据土建及安装合同金额确定相应权重,再根据分解的各项作业特点,确定各自需控制的各个步骤的权重,并通过每月(或周)填入各步骤完成的比例计算出实际完成百分比,最后对照计划进度检查当期施工进展情况。

最后根据设计、采购、施工进度及权重计算出项目进度,并每周/月与计划进度进行比较,分析提前或滞后的原因,从而对项目做出调整,以更好的实现项目进度、费用目标。

7.3.4　贵州宏福公司磷酸项目

(1)项目概况

项目业主:　贵州宏福实业开发有限总公司

项目规模:　反应、浓缩 20 万 t/a P_2O_5

　　　　　　过滤 30 万 t/a P_2O_5

项目基建投资:2.2 亿元人民币

总承包额:　1.7580 亿元人民币

承包方式:　设计—采购—施工—试运行 EPC 交钥匙工程总承包方式

（2）合同范围

20 万 t 磷酸主装置及配套循环水、罐区、外围公用工程。

合同工期：11 个月

（3）项目特点

该工程以 FIDIC 条款为基础，依照《中华人民共和国合同法》和《建设工程勘察设计管理条例》，通过双方严肃、认真、规范谈判，形成该工程合同条件。该工程合同条件严格遵循国家和地方有关政策、法律、法规。

承包工程范围包括按合同技术附件规定的工程界区范围内总图、矿浆贮存、反应、过滤、尾气洗涤、浓缩、稀磷酸及氟硅酸贮存、磷酸循环水、外围配套公用工程等工序及综合楼工程的设计、设备（含设备所带专用工具和试车备品备件）及材料的采购和供应、工程施工及人员培训、开车、性能考核和生产准备等。

合同规定，承包商在收到工程地质报告之后 330 日历日内，工程具备负荷联动试车条件，并在质保期内承担工程质量保修责任。

（4）项目目标实现情况

该工程建设投资比同期引进磷酸装置节省投资约 35%，且设备基本实现国产化，为国家节约了大量外汇。

该工程合同总工期仅 11 个月，包括设计、采购、施工、开车全过程。项目实施过程中，CWCEC 克服了工程现场遭遇的多年未遇的恶劣天气、国外采购设备/材料交货期达 10 个月等重大影响，科学策划、精心组织、严密实施，在保证工程质量的前提下，提前 6 天完成合同工期目标。

7.3.5　秦皇岛华赢公司磷酸项目

（1）项目概况

项目业主：　　　秦皇岛华赢有限责任公司

项目规模：　　　日产 275 t 磷酸

项目基建投资：　2.2 亿元人民币

总承包额：　　　1.8 亿元人民币

承包方式：　　　设计—采购—施工—试运行 EPC 交钥匙工程总承包方式

（2）合同范围

20 万 t 磷酸主装置及配套循环水、罐区、外围公用工程

合同工期：22 个月

（3）项目特点

该项目邀请国际上著名的法国 TECHNIP 公司、日本三井造船和 CWCEC 三家公司投标，CWCEC 凭借技术和价格优势，以及管理服务承诺一举中标。

该项目磷酸主装置采用美国 Jacobs 公司技术，该专利商作为 CWCEC 的分包商，水泥缓凝剂和氟硅酸钠采用 CWCEC 自主开发的技术。

（4）项目目标实现情况

在闭口价交钥匙 EPC 项目的管理上实现了创新，培养了新一代工程总承包项目管理人才，更新和建立了一套符合固定价总承包项目的管理模式和规章制度。

在符合合同的前提下，优化设计方案。

采购管理取得了较大成效。全面控制施工管理，在新形势下摸索出了一套对施工单位的控制和管理办法。材料控制非常成功，基本做到了零库存。

获得了良好的经济效益。

7.4　数据采集和分析

本书选择了 CWCEC 公司所承接的 5 个 EPC 项目作为调研对象（项目情况概述详见 7.3 节），数据主要来源于项目经理部。EPC 项目知识管理绩效评价输入指标和输出指标的获取如下。

7.4.1　输入指标：建设项目知识管理能力

对于 5 个项目的知识管理能力得分，通过面谈和问卷形式（问卷见附录），对项目知识管理中的过程能力和基础设施进行了调研。能力评分分为 5 级：差（1）、较差（2）、一般（3）、较好（4）、好（5），将被调查者评分的算术平均值作为项目知识管理能力得分。

调查所涉及人员包括项目经理、职能部门经理和项目技术人员。共回收有效问卷 56 份，受访者情况如表 7-1 所示。

表 7-1 受访者分布表

类别	工作阶段*	技术职称	注册资格	从业年限	项目职务
人数	项目投标 (6)	高级工程师 (26)	有 (22)	2 年以下 (0)	项目经理 (4)
	设备采购 (10)	工程师 (22)		2~5 年 (7)	部门负责人 (12)
	设计管理 (35)		无 (34)	5~20 年 (49)	技术人员 (37)
	施工管理 (12)	助理工程师 (8)		20 年以上 (0)	行政人员 (3)
备注					

*受访者中有部分人员涉及多个阶段。

从表 7-1 可看出,受访人员基本上涵盖了总承包的各个阶段,其中设计人员和施工管理人员比重较大,分别为 62.5% 和 21.4%;从技术职称分布来看,拥有高级职称的占 46.4%,拥有中级职称的占 39.3%;绝大部分从业年限在 5~20 年,占 87.5%。因此可以认为本次调研比较全面地反映了公司项目管理活动中知识管理的过程能力和支撑能力情况。

7.4.2 输出指标:项目管理目标实现情况

项目目标实现情况体现在三个维度上,即进度控制状况、质量控制状况和成本控制状况。对于每一个项目,结合 DEA 评价方法的数据要求,分别得到三个维度上的得分,用于描述项目管理的产出情况。

(1)进度控制状况

进度控制得分取合同工期(T_c)与实际工期(T_a)的比值,即:

$$I_T = \frac{T_c}{T_a} \times 100\% \tag{7-1}$$

因此,实际工期小于合同工期,进度控制得分高,反之得分低。

(2)质量控制状况

质量控制得分借助于公司的"项目质量指标兑现表",如表 7-2 所示。

表 7-2　项目质量指标兑现表

序号	质量目标		兑现情况	备注
1	设计成品提交准点率	≥95%		
2	设计变更率	≤2%		
3	采购产品交货准点率	≥95%		
4	采购产品验收一次合格率	≥98%		
5	施工进度准点率	≥95%		
6	施工工序质量共检一次合格率	≥98%		
7	施工质量评定等级	优良		
8	开车一次成功率	100%		
9	用户投诉或抱怨答复处理率	100%		
10	用户书面向公司最高管理层重大投诉次数	0		
11	单一过程控制能力指数：			
	项目管理	≥90		
	设计	≥90		
	采购	≥90		
	施工	≥90		
	开车	≥90		
12	项目综合控制能力指数	≥90		
13	重大质量事故发生率	0%		
14	建设工程质量优良率	≥85%		
15	建设工程质量合格率	100%		

　　以项目质量指标兑现情况对 5 个项目就 15 个指标进行百分制打分。同时，为方便数据分析，将差值做了 10 倍放大。具体规则如下：

　　① 实际值优于目标值时：

$$i_Q = 100 + |实际值 - 目标值| \times 10$$

② 实际值未达到目标值时：

$$i_Q = 100 - |实际值 - 目标值| \times 10$$

最终质量控制得分为各个指标的算术平均，即：

$$I_Q = \frac{\sum_{i=1}^{15} i_Q}{15} \tag{7-2}$$

（3）成本控制状况

成本控制得分取合同结算价（P）与实际成本（C）的比值，即：

$$I_C = \frac{P}{C} \tag{7-3}$$

因此，实际成本小于合同结算价，成本控制得分高，反之得分低。

然而，由于企业项目利润情况涉及其商业秘密，在实际调研中会同公司经营部和项目经理部对 5 个项目的成本控制绩效赋值：很好（9），好（7），一般（5），差（3），很差（1）。2,4,6,8 为中间插值。

7.5　DEA 评价及其结论

（1）输入指标得分

知识管理能力得分汇总见表 7-3。

表 7-3　知识管理能力得分汇总表*

指标 得分 项目名称	过程能力			基础设施		
	A	S	U	T	O	C
宝泰菱	425	389	431	383	379	435
云南沾化	411	423	410	378	387	411
神华	431	422	402	366	420	428
贵州宏福	385	450	388	398	395	419
秦皇岛华赢	367	391	398	407	423	382

* 为方便数据分析，将每项得分均乘以 100。

（2）输出指标得分

知识管理绩效汇总见表 7-4。

表 7-4　知识管理绩效汇总表

项目名称	进度控制得分 I_T	质量控制得分 I_Q	成本控制得分 I_C
宝泰菱	108	120	6
云南沾化	100	128	8
神华	100	108	6
贵州宏福	102	122	5
秦皇岛华赢	100	115	6

（3）DEA 评价结论

构造 DEA 模型（D_ε）如下：

$$(D_\varepsilon) \begin{cases} \min[\theta - \varepsilon \cdot (e_n^T s^- + e_m^T s^+)] = V_D(\varepsilon) \\ \text{s. t.} \sum_{j=1}^{k} X_j \lambda_j + s^- = \theta X_{j_0} \\ \sum_{j=1}^{k} X_j \lambda_j - s^+ = Y_{j_0} \\ \lambda_j \geqslant 0, j = 1, 2, \cdots, k \\ s^- \geqslant 0, s^+ \geqslant 0 \end{cases} \qquad (7\text{-}4)$$

利用 C^2R 模型，分别对各项目（决策单元）建立相应的线性规划模型，用 MATLAB 软件包进行运算，得出各项目的评价结果见表 7-5。

表 7-5　项目评价结果

项目名称	对应 C^2R 模型最优解	评价结论
宝泰菱	$\theta^* = 1, \lambda_1^* = 1$	DEA 有效，规模收益不变
云南沾化	$\theta^* = 1, \lambda_2^* = 1$	DEA 有效，规模收益不变
神华	$\theta^* = 0.9933, \lambda_1^* = 0.6267$ $\lambda_2^* = 0.2116, \lambda_4^* = 0.1094$ $s_2^{+*} = 7.6335, s_1^{-*} = 32.6818$ $s_2^{-*} = 36.6525, s_5^{-*} = 54.5675$ $s_6^{-*} = 19.7166$	非 DEA 有效，规模收益递增
贵州宏福	$\theta^* = 1, \lambda_4^* = 1$	DEA 有效，规模收益不变
秦皇岛华赢	$\theta^* = 1, \lambda_5^* = 1$	DEA 有效，规模收益不变

由表 7-5 知，除神华项目非 DEA 有效外，其他项目均为 DEA 有效。更进

一步,可对非有效项目进行 DEA 投影分析,见表 7-6。

表 7-6 非 DEA 有效单元的投影分析

决策单元	评价指标		实际值	松弛变量	目标改进值
神华	投入指标	X_1	431	32.6818	395
		X_2	422	36.6525	382
		X_3	402	0	399
		X_4	366	0	363
		X_5	420	54.5675	363
		X_6	428	19.7166	405
	产出指标	Y_1	100	0	100
		Y_2	108	7.6335	116
		Y_3	6	0	6

由此可见,神华项目在知识获取能力、知识共享能力、组织支持能力、文化支持能力上投入较大,但项目的质量产出未达到要求。因此,这几个维度上的项目知识管理措施存在多余投入(或称"冗余能力"),应在进一步分析的基础上进行调整。同时,评价结果显示,该决策单元为规模收益递增,即在目标改进值的基础上适当加大投入,其产出可能有相对更高比例的增加。

对于 DEA 有效的项目,由于其规模收益不变,其管理措施的"力度",或称投入规模是最好的,从理论上说,DMU 没有再增加投入的积极性。因此,对于这类 DMU,应在保证措施"力度"的前提下,寻求降低管理成本的方法。

7.6 本案例分析的局限性

本案例对 5 个 EPC 项目的知识管理进行了相对有效性的评价,对于建筑企业评价项目知识管理措施和实现持续改进将起到一定的参考作用。但本案例的分析存在以下局限性:

(1) 知识管理能力指标得分具有一定的主观性。

(2) 被调查者工作岗位的高低、知识背景的差异、在项目中工作时间的长短,都会影响其对项目知识管理活动的理解和评价。因此有必要采取相应的方法对不同的被调查者区别对待。

（3）在对 5 个项目的评价中，未考虑到外部环境因素的影响，而任何一个项目都不应脱离其特定的环境。因此在本案例研究的基础上，可结合项目的内外部条件作进一步分析。

（4）本案例分析仅探讨了同一企业内的项目知识管理效率问题，而企业要获得竞争优势，必须了解本企业在行业中所处的竞争地位。因此，有必要选取不同企业的项目进行比较，建立企业项目知识管理标杆。

7.7　本章小结

本章以 CWCEC 公司的 5 个 EPC 项目作为研究对象进行实证分析。以项目目标在工期、质量和成本三个维度上的实现情况作为系统产出，项目知识管理在各指标上的得分作为系统投入，采用 DEA 方法评价知识管理措施的相对有效性。在此基础上，实现管理绩效的持续改进。

参 考 文 献

[1]　德鲁克,等.知识管理[M].杨开峰,译.北京:中国人民大学出版社,1999.

[2]　圣吉.第五项修炼[M].郭进隆,译.上海:上海三联书店,2002.

[3]　德普雷,肖维尔.知识管理的现在与未来[M].刘庆林,译.北京:人民邮电出版社,2004.

[4]　丁士昭.国际工程项目管理模式的探讨——暨对我国重大工程项目管理模式改革和发展的思考[C]//中国工程院工程科技论坛——重大工程项目管理模式研讨会论文集.北京:中国工程院工程科技论坛学术委员会,2001.

[5]　张立军.基于工程项目管理的知识管理研究[J].知识经济,2013(19):97.

[6]　高妍方,邓晓红,崔晓青,等.建设项目风险决策与知识管理集成研究[J].工程管理学报,2016(4):121-125.

[7]　赵丽坤,张美玲,冯鹏.基于知识管理的工程建设项目组织冲突问题研究[J].项目管理技术,2011(11):79-83.

[8]　刘常乐,任旭,郝生跃.项目型企业知识转移的障碍与动机研究[J].情报理论与实践,2015(3):40-44.

[9]　马富森,韦金凤,乐云.知识管理方法在大型工程项目中的应用研究[J].项目管理技术,2012(12):71-76.

[10]　周亚美.基于全寿命周期的造价咨询企业知识管理研究[J].工程经济,2016(4):49-52.

[11]　王广宇.知识管理——冲击与改进战略研究[M].北京:清华大学出版社,2004.

[12]　陈琴,蒋合领.我国知识管理研究学派、知识基础及热点的可视化分析[J].情报杂志,2016(2):88-93.

[13]　PONZI L J. The evolution and intellectual development of knowledge management [D]. New York: Long Island University, 2003.

[14]　王众托.项目中的知识管理问题[J].土木工程学报,2003,36(3):1-5.

[15]　王昊,谷俊,苏新宁.本体驱动的知识管理系统模型及其应用研究[J].中国图书馆学报,2013(2):98-110.

[16]　WIIG K. Knowledge management foundations[M]. Arlington: Schema Press, 1993.

[17]　李红兵,李蕾.工程项目环境下的知识管理方法研究[J].科技进步与对策,2004(5):14-16.

[18]　沈慧敏.基于信息化的工程项目知识管理[J].中国管理信息化,2011(15):53-54.

[19]　王丹凤,彭岩,张连营.集成项目交付模式下知识共享治理机制研究[J].科技管理研究,2015(1):167-170.

［20］ 俞红,樊庆港.个体、团队、组织视角的项目群知识管理成熟度研究［J］.项目管理技术,2015,13(12):14-19.

［21］ 阿尔文·托夫勒.第三次浪潮［M］.朱志炎,译.北京:北京三联书店,1983.

［22］ DRUCKER P F. The coming of new organizations［J］. Harvard Business Review,1988,66(1):45-53.

［23］ DRUCKER P F. Post-capitalist society［M］. Oxford:Butter Worth Heinemann, 1993.

［24］ OLAISEN J, REVANG O. The dynamics of intellectual property rights for trust, knowledge sharing and innovation in project teams［J］. International Journal of Information Management, 2017,37(6):583-589.

［25］ STEWART A. Brainpower:How intellectual capital is becoming America's most valuable asset［J］. Fortune, 1991, 6(3).

［26］ EDVINSSON L, MALONE M S. Intellectual capital:Realizing your company's true value by finding its hidden roots［J］. Harper Business, 1997.

［27］ Alexandre Barão, José Braga de Vasconcelos, A lvaro Rocha, et al. A knowledge management approach to capture organizational learning networks［J］. International Journal of Information Management, 2017,37(6).

［28］ 孙晓宁,储节旺.国内个人知识管理研究述评与展望［J］.情报科学,2015(2):146-153.

［29］ 易凌峰,欧阳硕,梁明辉.知识管理、组织学习、创新与企业核心竞争力的关系研究［J］.华东师范大学学报:哲学社会科学版,2015,47(3):119-124.

［30］ 王亚洲,林健.人力资源管理实践、知识管理导向与企业绩效［J］.科研管理, 2014,35(2):136-144.

［31］ DORN J. Sharing project experience through case-based reasoning［J］. Procedia Computer Science, 2016,99:4-14.

［32］ WEI Y H, MIRAGLIA S. Organizational culture and knowledge transfer in project-based organizations:Theoretical insights from a Chinese construction firm［J］. International Journal of Project Management, 2017, 35(4):571-585.

［33］ 黄华新,邱辉.知识管理与隐喻认知［J］.科学学研究,2014,32(11):1698-1704.

［34］ 夏敬华,金昕.知识管理［M］.北京:机械工业出版社,2003.

［35］ 王小健,刘延平.基于多源知识融合的企业知识管理方法［J］.科研管理, 2015(8):77-85.

［36］ 储节旺,钱倩.基于词频分析的近10年知识管理的研究热点及研究方法［J］.情报科学,2014(10):156-160.

［37］ 仇元福.知识管理理论与应用及其工具的研究［D］.杭州:浙江大学,2003.

［38］ 张瑞红.基于知识价值链的知识管理绩效评价［J］.企业经济,2013(3):47-49.

［39］　李艳艳,谢阳群,朱晓铭.知识管理与企业核心竞争力研究[J].情报理论与实践,2012,35(6):40-43.

［40］　NAVIMIPOUR N, CHARBAND Y. Knowledge sharing mechanisms and techniques in project teams: Literature review, classification, and current trends[J]. Computers in Human Behavior, 2016,62(9):730-742.

［41］　李蕾,陈瑜.基于 DEA 方法的建设项目集成化管理绩效评价[J].武汉理工大学学报,2005,27(5):80-82.

［42］　MCCLORY S, READ M, LABIB A. Conceptualising the lessons-learned process in project management: Towards a triple-loop learning framework[J]. International Journal of Project Management, 2017,35(7).

［43］　HAJDASZ M. Managing repetitive construction in a dynamically changing environment: Conceptualizing the system-model-simulator nexus[J]. Automation in Construction, 2015,57(9).

［44］　FRANCOIS R, NADA M, HASSAN A. KTR: An approach that supports knowledge extraction from design interactions[J]. IFAC-Papers Online, 2016,49(12).

［45］　AERTS G, DOOMS M, HAEZENDONCK E. Knowledge transfers and project-based learning in large scale infrastructure development projects: An exploratory and comparative ex-post analysis[J]. International Journal of Project Management, 2017,35(3).

［46］　MARIJA L J TODOROVIĆ, Dejan Č PETROVIĆ, MARKO M MIHIĆ, et al. Project success analysis framework: A knowledge-based approach in project management[J]. International Journal of Project Management, 2015,33(4).

［47］　MAGDALENA HAJDASZ. Flexible management of repetitive construction processes by an intelligent support system[J]. Expert Systems with Applications, 2014, 41(4).

［48］　DUFFIELD S, WHITTY S. Application of the systemic lessons learned knowledge model for organisational learning through projects[J]. International Journal of Project Management, 2016,34(7).

［49］　LEE J, PARK J G, LEE S. Raising team social capital with knowledge and communication in information systems development projects[J]. International Journal of Project Management, 2015,33(4).

［50］　王众托.知识系统工程[M].北京:科学出版社,2004.

［51］　ALMEIDA M, SOARES A. Knowledge sharing in project-based organizations: Overcoming the informational limbo[J]. International Journal of Information Management, 2014,34(6).

［52］　BELAY A, TORP O, THODESEN C. Managing concurrent construction projects using knowledge management and set-based Thinking[J]. Procedia Engineering,

2016,164.

[53]　刘锐,吕文学,严谦.基于共享心智模型的工程项目知识管理[J].工程管理学报,2014(2):66-70.

[54]　魏道江,李慧民,康承业.基于可拓策略生成的项目型组织内部知识转移途径研究[J].建筑经济,2014(3):109-112.

[55]　陈赟,谭秀娟,陈嘉.大型建设工程项目团队解散前后知识学习的关联性[J].系统工程,2015(5):65-69.

[56]　施建刚,林陵娜,唐代中.大型建筑工程总承包企业项目型跨组织的集成创新研究[J].工程管理学报 ,2013(2):104-108.

[57]　YANG L R, CHEN J H, WANG H W. Assessing impacts of information technology on project success through knowledge management practice[J]. Automation in Construction，2012,22(3):182-191.

[58]　李蕾.项目环境下知识管理绩效评价研究[J].科技进步与对策,2005,22(6):39-40.

[59]　DUFFIELD S, WHITTY S. Developing a systemic lessons learned knowledge model for organisational learning through projects[J]. International Journal of Project Management，2015,33(2):311-324.

[60]　李红兵,李蕾.AHP法在知识管理项目策略中的运用[J].武汉理工大学学报:信息与管理工程版,2004, 26(3):107-110.

[61]　张建华,张磊磊.知识管理中知识获取绩效测度研究[J].情报杂志,2014(5):194-197.

[62]　芮明杰.管理学:现代的观点[M].2 版.上海:上海人民出版社,2005.

[63]　REICH B H, GEMINO A, SAUER C. How knowledge management impacts performance in projects: An empirical study[J]. International Journal of Project Management，2014，32(4).

[64]　CHOU J S, YANG J G. Evolutionary optimization of model specification searches between project management knowledge and construction engineering performance[J]. Expert Systems with Applications，2013,40(11).

[65]　苗东升.系统科学精要[M].北京:中国人民大学出版社,2000.

附录　建设项目知识管理能力调查问卷

　　首先感谢您在百忙之中抽出时间来阅读并填写我们的调查问卷。本问卷旨在调查建设项目的知识管理能力情况,请您根据所在项目实际情况填写问卷,不需署名,问卷调查的结果仅供科研使用。衷心感谢您的支持与合作!

项目名称:＿＿＿＿＿＿＿＿＿＿＿＿＿＿＿＿＿＿＿＿＿＿＿＿＿＿＿＿＿＿

问卷调查简介

　　知识管理是基于对"知识具有价值,知识能够创造价值"的认识而产生的。其目的是通过知识的更有效利用来提高个人或组织创造价值的能力。项目活动中同样充满了知识的流动。项目管理中的知识管理,其基本活动是对知识的获取、共享和运用,从而实现知识创造价值。知识管理的过程需要各个方面的基础设施作为基础,包括组织结构方面、信息技术方面以及组织文化方面。

　　因此,本问卷调查拟从两个方面来评判知识管理的能力,一是知识管理的过程能力,包括获取、共享和运用三个指标;另一个是知识管理的基础设施,包括技术、组织和文化三个指标。

受访者主要信息

　　工作性质:(1) 项目投标;(2) 设备采购;(3) 设计管理;(4) 施工管理

　　技术职称:(1) 高级工程师;(2) 工程师;(3) 助理工程师

　　注册资格:(1) 建筑工程师;(2) 结构工程师;(3) 监理工程师;(4) 造价工程师;(5) 咨询工程师;(6) 建造师

　　从业年限:(1) 2 年以下;(2) 2～5 年;(3) 5～20 年;(4) 20 年以上

　　项目职务:(1) 项目经理;(2) 部门负责人;(3) 技术人员;(4) 行政人员

评分结果

请您对贵公司该项目组的知识管理能力,按照下述规则给予评分:差(1);较差(2);一般(3);较好(4);好(5);不清楚(0)。

表1 知识获取能力评价指标

序号	指标描述	指标得分
A1	获取顾客知识的能力:项目过程中,对业主的需求了解情况;对业主项目管理能力的了解程度	差(1);较差(2);一般(3);较好(4);好(5);不清楚(0)
A2	获取供货方知识的能力:对设备供应商能力、项目目标的了解程度;对分包商能力、项目目标的了解程度	差(1);较差(2);一般(3);较好(4);好(5);不清楚(0)
A3	从已有知识创造新知识的能力:如对设计和施工过程中出现特殊问题的反应能力和速度	差(1);较差(2);一般(3);较好(4);好(5);不清楚(0)
A4	获取本行业领域新产品的知识的能力:对本项目所采用的工艺、设计理念、施工技术的先进性和适用性了解多少	差(1);较差(2);一般(3);较好(4);好(5);不清楚(0)
A5	获取本行业竞争者的知识的能力:对本行业中其他项目总承包单位能力、业务状况的了解程度	差(1);较差(2);一般(3);较好(4);好(5);不清楚(0)
A6	能进行项目组个体之间的知识交流:项目组内专业与专业之间、专业内部进行知识交流的频率和效果	差(1);较差(2);一般(3);较好(4);好(5);不清楚(0)

表2 知识共享能力评价指标

序号	指标描述	指标得分
S1	将知识在整个项目组织内分配的能力:项目成员获得本专业及相关专业知识的便捷程度	差(1);较差(2);一般(3);较好(4);好(5);不清楚(0)
S2	对知识过滤的能力:成员间信息传递对冗余信息的筛选能力	差(1);较差(2);一般(3);较好(4);好(5);不清楚(0)
S3	将个体知识吸收为组织知识的能力:对于专门知识的总结能力	差(1);较差(2);一般(3);较好(4);好(5);不清楚(0)
S4	将组织知识传递给个体知识的能力:项目成员对知识的吸收能力	差(1);较差(2);一般(3);较好(4);好(5);不清楚(0)
S5	整合不同类型和不同来源知识的能力:合理分类和储存项目组内外的知识、不同专业的知识等	差(1);较差(2);一般(3);较好(4);好(5);不清楚(0)
S6	及时适当地替换过时知识的能力:如最新的规范、标准图的购买和分发,新工艺、新技术的学习	差(1);较差(2);一般(3);较好(4);好(5);不清楚(0)

表 3　知识运用能力评价指标

序号	指标描述	指标得分
U1	能经验、教训中获得的知识进行运用；项目中对以往类似经验的参照情况	差(1)；较差(2)；一般(3)；较好(4)；好(5)；不清楚(0)
U2	解决新问题时注重知识的运用；项目中出现新问题时，是否充分运用现有知识，并且在问题解决后注重该经验的记录和整理	差(1)；较差(2)；一般(3)；较好(4)；好(5)；不清楚(0)
U3	能找到恰当的知识源：如专家、资料库，以及加以利用的程度	差(1)；较差(2)；一般(3)；较好(4)；好(5)；不清楚(0)
U4	项目管理活动中，能通过运用知识提高管理效率	差(1)；较差(2)；一般(3)；较好(4)；好(5)；不清楚(0)
U5	能将知识快捷、准确地送达需要的人和地点的便捷程度	差(1)；较差(2)；一般(3)；较好(4)；好(5)；不清楚(0)
U6	公司及项目成员认识到，注重新知识的运用将为企业带来竞争优势	差(1)；较差(2)；一般(3)；较好(4)；好(5)；不清楚(0)

表 4　技术支持能力评价指标

序号	指标描述	指标得分
T1	对于产品知识，如项目的目标、技术特点等，有明确的分类和说明	差(1)；较差(2)；一般(3)；较好(4)；好(5)；不清楚(0)
T2	对于过程知识，如项目的阶段划分、工作内容和逻辑步骤等有明确的分类和说明	差(1)；较差(2)；一般(3)；较好(4)；好(5)；不清楚(0)
T3	方便雇员间相互协作的信息技术	差(1)；较差(2)；一般(3)；较好(4)；好(5)；不清楚(0)
T4	方便分布在不同地点的员工通过网络学习的技术	差(1)；较差(2)；一般(3)；较好(4)；好(5)；不清楚(0)
T5	有定位知识的技术，即了解某些专门知识的来源(包括内部知识和外部知识)	差(1)；较差(2)；一般(3)；较好(4)；好(5)；不清楚(0)

表 5　组织支持能力评价指标

序号	指标描述	指标得分
O1	部门的设置方便知识的共享和相互作用	差(1);较差(2);一般(3);较好(4);好(5);不清楚(0)
O2	项目活动中强调共同行为而不是个体行为	差(1);较差(2);一般(3);较好(4);好(5);不清楚(0)
O3	绩效评价时考虑知识的创造和提供	差(1);较差(2);一般(3);较好(4);好(5);不清楚(0)
O4	对知识提供有统一的奖励机制	差(1);较差(2);一般(3);较好(4);好(5);不清楚(0)
O5	业务过程的设计便于不同部门间的知识交流	差(1);较差(2);一般(3);较好(4);好(5);不清楚(0)
O6	组织机构的设置便于知识到达项目成员	差(1);较差(2);一般(3);较好(4);好(5);不清楚(0)

表 6　文化支持能力评价指标

序号	指标描述	指标得分
C1	项目成员理解知识对于项目成败的重要性	差(1);较差(2);一般(3);较好(4);好(5);不清楚(0)
C2	鼓励项目成员积极参与知识的获取和传递	差(1);较差(2);一般(3);较好(4);好(5);不清楚(0)
C3	重视在工作中接受训练和学习	差(1);较差(2);一般(3);较好(4);好(5);不清楚(0)
C4	对项目成员的评价考虑其在工作中获得专长的能力	差(1);较差(2);一般(3);较好(4);好(5);不清楚(0)
C5	明确项目的目标以及项目在企业战略中的地位	差(1);较差(2);一般(3);较好(4);好(5);不清楚(0)
C6	高层领导对知识管理作用的认可和支持	差(1);较差(2);一般(3);较好(4);好(5);不清楚(0)